青年学者文库

改革开放以来中国劳动份额发展趋势研究

范 慧 著

天津出版传媒集团

天津人民出版社

图书在版编目（ＣＩＰ）数据

改革开放以来中国劳动份额发展趋势研究 / 范慧著
. -- 天津：天津人民出版社，2020.12
（青年学者文库）
ISBN 978-7-201-16914-9

Ⅰ.①改… Ⅱ.①范… Ⅲ.①劳动报酬—研究—中国
Ⅳ.①F249.24

中国版本图书馆 CIP 数据核字(2020)第 246529 号

改革开放以来中国劳动份额发展趋势研究
GAIGEKAIFANG YILAI ZHONGGUO LAODONG FENE FAZHAN QUSHI YANJIU

出　　版	天津人民出版社
出 版 人	刘　庆
地　　址	天津市和平区西康路35号康岳大厦
邮政编码	300051
邮购电话	（022）23332469
电子信箱	reader@tjrmcbs.com

策划编辑	王　康
责任编辑	郑　玥
特约编辑	佐　拉
封面设计	明轩文化·王烨

印　　刷	天津新华印务有限公司
经　　销	新华书店
开　　本	710毫米×1000毫米 1/16
印　　张	14.25
插　　页	2
字　　数	200千字
版次印次	2020年12月第1版 2020年12月第1次印刷
定　　价	78.00元

目录
CONTENTS

导　论

一、问题的提出

1978 年,党的十一届三中全会开启了改革开放历史新时期。改革开放四十多年来,我国经济经历了引人瞩目的长期高速增长,经济社会发展取得巨大成就。1979—2009 年我国国内生产总值(GDP)年均增长 9.9%,全国城镇居民人均可支配收入和农民人均收入年均分别增长了 7.3% 和 7.2%。然而伴随着我国经济的快速发展却出现了劳动份额下降的状况。有学者测算,1978 年我国劳动份额为 57%,2005 年下降到 48.2%;[①]按照省际法计算我国劳动份额,1995—2007 年,劳动份额从 51.64% 下降到 39.7%,下降了 11.94 个百分点。

劳动份额的长期下降,造成了我国劳动份额偏低的现状。2001—2009 年,我国劳动份额平均值为 45.8%,最低的年份只有 39.7%,远低于欧元区

[①]　参见郝枫:《中国要素价格决定机制研究——国际经验与历史证据》,天津财经大学博士论文,2008 年。

48.1%的水平,更大大低于美国、日本等发达国家55%的水平。而资本所得和政府所得却远高于发达国家水平,也高于其他发展中国家。

(一)劳动份额偏低已引起很多经济社会问题

首先,收入差距的拉大。目前,劳动收入是绝大部分中、低收入者的主要收入来源,劳动份额的下降进一步扩大了普通劳动者与资方等高收入群体的差距,使收入差距进一步拉大。初次分配差距的拉大会增加国民收入中第二次分配乃至第三次分配的压力和难度。

其次,不利于经济发展方式的转变。由于中、低收入者比高收入者有更高的消费倾向,因此劳动份额的下降降低了中低收入群体的消费能力,使中低收入者虽有消费愿望,而无消费能力;高收入者虽有消费能力,却无消费愿望,从而使我国消费需求不足,经济发展长期依靠投资和出口拉动。阻碍了经济发展模式"由主要依靠投资、出口拉动向依靠消费、投资、出口协调拉动"的转变。过低的劳动报酬,使低技术含量、低附加值的劳动密集型外贸加工行业产值占国民经济的比重居高不下,第三产业就业和产出比重较小的格局又进一步固化。劳动力结构的不合理,强化了我国的国民经济结构和产业结构。阻碍了"由主要依靠第二产业带动向依靠第一产业、第二产业、第三产业协同带动"的转变。并且过低的劳动报酬,也使我国本土企业在低劳动力成本、高利润率的模式下运行,不利于形成企业自主创新倒逼机制,阻碍了"有主要依靠增加物质资源消耗向主要依靠科技进步的、劳动者素质提高、管理创新"的转变。劳动报酬过低成为制约我国经济发展方式转变的瓶颈。

最后,不利于社会和谐与稳定。劳动报酬成为引发劳资矛盾的主要原因。《2011年中国统计年鉴》显示,在600865件劳资争议案件中,由于劳动报酬原因引起的有209968件,占所有案件的34.9%。一些地方,企业劳资矛盾升级,群体性事件时有发生。劳动份额偏低,普通劳动者收入过低也引起了民众的不满情绪。据全国总工会近期一项调查显示,75.2%的职工认为当前社会收入分配不公平,61%的职工认为普通劳动者收入偏低是最大的不公平。[1]并且这种不满情绪和矛盾的积聚可能会导致部分人对社会、国家政治经济体制的不满和仇视,成为危害社会和谐稳定的主要因素之一。Subramanian 也认为,劳动份额降低可能会动摇政局的稳定,是我国目前应注意的一大问题。[2]劳动份额偏低已经成为我国经济发展方式转变的瓶颈,也成为危及我国社会和谐稳定的重要因素之一,因此提高劳动份额势在必行。

(二)劳动份额偏低已引起政府的高度重视

党的十七大报告中指出:"初次分配和再分配都要处理好效率和公平的关系,再分配更加注重公平。逐步提高居民收入在国民收入分配中的比重,提高劳动报酬在初次分配中的比重。"[3] 2015 年 4 月 28 日,习近平在庆祝"五一"国际劳动节暨表彰全国劳动模范和先进工作者大会上的讲话中指出:"党和国家要实施积极的就业政策,创造更多就业岗位,改善就业环境,提高就业质量,不断增加劳动者特别是一线劳动者劳动报酬。"[4] 2020 年 8 月 15 日,习近平总书记在《求是》杂志上发表题为《不断开拓当代中国马克思主义政治经济学新境界》的文章。他指出:"由于种种原因,目前我国收入分配中还存在一些突出的问题,主要是收入差距拉大、劳动报酬在初次分配中的比重较低、居民收入在国民收入分配中的比重偏低。对此,我们要高度重视,努力推动居民收入增长和经济增长同步、劳动报酬提高和劳动生产率

---

[1]　参见中华全国总工会:《当前企业收入分配领域存在的问题和政策建议》,《国民收入分配若干问题研究》,全国人大财经委专题调研组编,中国财政经济出版社,2010 年,第 22 页。

[2]　See Subramanian, Arvind, *What is China Doing to Its Workers?*, Business Standard, New Delhi, 2008.

[3]　胡锦涛:《高举中国特色社会主义伟大旗帜为夺取全面建设小康社会新胜利而奋斗——在中国共产党第十七次全国代表大会上的报告》,2007 年 10 月。

[4]　《习近平谈治国理政》(第二卷),外文出版社,2017 年 11 月,第 351 页。

提高同步,不断健全体制机制和具体政策,调整国民收入分配格局,持续增加城乡居民收入,不断缩小收入差距。"[①]

总之,劳动份额问题是我国现实社会中的焦点问题之一,也是我国经济社会进一步发展的核心问题之一,劳动份额研究具有较强的现实意义。本书通过分析改革开放以来我国劳动份额发展趋势,揭示劳动份额演变规律,为提高我国劳动份额提出合理的政策选择。

(三)劳动份额的研究具有重要的理论意义

关于收入分配,经济思想史上可以寻出两条研究主流。第一条源于李嘉图,讨论了生产要素的收入分配,即收入的功能性分配。它旨在说明要素价格的形成,如工资和利润率,以及国民收入中生产要素(劳动、资本和土地)的相应份额。劳动份额研究就属于这一主流的一个重要分支。第二条源于帕累托,它研究每一经济单位所得到的收入,而忽视生产要素的权利。这被称为规模分配或个人的收入分配。功能性分配在古典经济学时期和新古典时期一直占据着主导的地位。"国民收入功能分配问题一直在以不同的名目被各派经济学说作为重要问题讨论着,从生产关系方面看,它涉及所有权及其在经济上的实现问题。从生产力方面看,它涉及各基本生产要素对生产的贡献、生产要素的报酬,以及其贡献和报酬如何对应问题。从生产关系角度来研究收入功能分配,是马克思主义的精髓,这是我们应当继承的。从生产力的技术角度探讨收入功能分配,是西方经济学的特色,这是我们应当吸收的。"[②]

劳动份额研究属于功能性分配研究的一个重要方面,从生产关系的角度来研究劳动份额是马克思主义的特色,对马克思主义劳动份额理论的挖

---

① 习近平:《不断开拓当代中国马克思主义政治经济学新境界》,人民网,2020 年 8 月 15 日。

② 李杨:《收入功能分配的调整:对国民收入分配向个人倾斜现象的思考》,《经济研究》,1992 年第 7 期。

掘是坚持和发展马克思主义收入分配理论的需要。而从生产力的角度研究劳动份额是西方经济学的特色,也是我们应当吸收的。结合中国收入分配实践,挖掘马克思主义劳动份额理论,吸收西方劳动份额理论,可以进一步丰富和发展马克思主义劳动份额理论,丰富和发展马克思主义收入分配理论,促进马克思主义收入分配理论的中国化。

(四)中国劳动份额研究具有世界性意义

从世界范围来讲,中国作为最大的发展中国家,且作为结构转型国家,有很强的代表性,而中国劳动份额的研究却很少引起国外学者注意。西方学者对劳动份额的研究基本上以市场国家、发达国家为研究对象,其结论在我国和其他发展中国家的适用性有待验证。对有代表性而不同于发达国家的中国劳动份额的研究可以丰富和发展世界范围之内的劳动份额研究,其结论也可以为其他发展中国家、结构转型国家提供参考。

二、文献综述

(一)国外相关文献综述

1.劳动份额的估算

准确估算劳动份额是展开理论分析的基础。由于理论概念和其经验分析对应物之间缺乏一致性,因此产生了劳动份额的估算问题。经济理论把工资、利润和租金解释为劳动、资本和土地等生产要素的收入流量,而国民经济体系则使用了劳动报酬、农业收入、非农业收入、个人租赁收入、企业利润和净利息等分类。劳动报酬包括雇主对社会保险、个人退休金、保健和福利基金、工人报酬、董事薪金、企业行政薪金等方面的分配,以及给雇员的其他一些较小的支付可视为劳动收入;个人租赁收入、企业利润和净利息可视为资本收入。关键是剩下的类别,即业主收入,它包含了业主的劳动和资本收入。不同估算方法会产生不同的估算结果。Gollin计算出大部分国家的劳动份额在0.05~0.8之间,而经过调整计算,劳动份额在0.65~0.8之间。[①]

因业主的估算方法不同,劳动报酬的估算方法也存在差异。主要的估算方法有四种:第一,资产基准。把生产资源在公司部门的平均收益率归于资本收入,剩余的归于劳动。第二,劳动基准。与资产基准方法相反,劳动基准的方法假定业主的年劳动收入与同一产业部门中具有同样技术水平的雇佣工人的年收入相同,加入劳动收入估算劳动份额。第三,比例标准。在这种方法中,业主的劳动报酬用劳动基准来计算,资产报酬用资产基准计算,再对这两种估算作比例调整。第四,整个经济基准。假设业主收入在劳动和资本之间以同样比例被分配。Halev[②]用上述四种基准,Kravis和Lebergott[③]用三种基准估算了美国1900—1963年的资产份额,其剩余可看作是劳动份额。不同的估算者和不同的估算方法,其结果差别很大,或者说同一经验事实,因估算主体和方法不同会表现出不同的估算结果。

2.劳动份额的演变趋势

20世纪初,要素份额具有稳定性的观点就已开始流传。凯恩斯是最早注意到这一点的经济学家之一。他指出:"在整个经济统计的范围内最令人吃惊但是确凿无疑的事实是,劳动在美国收入增长中的比例保持稳定。让人注目的是每个国家都如此,它似乎是一种长期的现象,而不仅仅是短期现象。"[④]

---

① See Douglas Gollin, Getting Income Shares Right, *Journal of Political Economy*, 2002., 110(2).

② See Havel, B.F., Changes in The Distribution of Income in The United States, In J. Marchal and B.Ducros(eds.), *The Distruibution of National Income*, Macmillan, 1968, pp.3–29.

③ See Kravis, J.B., and S. Lebergott, Income Distribution, *International Encyclopedia of The Social Sciences*(Vol.7), Macmillan, 1968, pp.132–154.

④ Keynes.J.M., Relative Movements of Real Wages and Output, *Economic Journal*, 1939.

Kaldor 也认为,要素收入分配比重保持不变是一个"典型化事实"。[1]劳动份额稳定性也得到了经验研究的支持。Cobb&Douglas 基于美国数据得出了"劳动份额在时间上倾向保持大致稳定"的结论;Brown&Hart 的研究表明,1870—1950 年期间,英国的工资份额保持高度稳定。Gollin 也研究并支持此结论。Feldstein 发现,美国自 20 世纪 70 年代以来,劳动报酬占国民收入的比重保持在 66%~64%之间相当稳定。[2]

但是劳动份额的稳定性也受到了质疑。索洛的研究发现,美国产业中和产业间劳动份额令人吃惊的不稳定;克拉维斯得出结论,劳动份额正在缓慢增长;Blanchard 发现,劳动份额至少在中期内不是一个常数;Bentolila 和 Saint-Paul 利用 14 个 OECD(Organization for Economic Co-opention and Development,经济合作与发展组织,简称经合组织)国家的面板数据计算了从 1973—1993 年的劳动份额, 发现各国的劳动份额变化各不相同;Tytell 和 Jaumotte 则认为,过去二十年大部分发达国家国民收入中劳动份额是下降的。[3]

除了对于劳动份额稳定趋势的支持或质疑,库兹涅茨从经济发展的不同阶段来阐述劳动份额发展趋势。他提出了增长的两个阶段理论:第一阶段,资本短缺和非熟练劳动力剩余,劳动份额下降;第二阶段,熟练劳动增加,资

---

① Kaidor, Nicholas, Capital Accumulation and Economic Growth, in *The Theory of Capital*, edited by Friedrich A. Lutz and Douglas C. Hague, St. Martin's Press, 1961.

② See Cobb, Charles W., and Douglas, Paul H., A Theory of Production, *A.E.R. Papers and Proc*, 18 (March 1928); Brown, E. Phelps and P.E.Hart, The Share of Wages in National Income, *Economic Journal*, Lxu (1952); Douglas Gollin, Getting Income Shares Right, *Journal of Political Economy*, 2002, 110 (2); Martin S.Feldstein, Did WagesReflect Growth in Productivity?, *NBER Working Paper*, 2008, No.139.

③ See Robert M. Solow, A Skeptical Note on The Constancy of Relative Shares, *American Economic Review*, Sep 1958; Kravis, Relative Income Shares in Fact and Theory, *American Economic Review*, Dec 1959; Blanchard, O., The Medium Run, *Brooking Paperson Economic Activity*, 1997, (2); Samuel Bentolila and Gilles Saint-Paul, *Explaining Movements in the Labor Share Contributions to Macroeconomics*, Berkeley Electronic Press, 2003, pp.1103-1103; Irina Tytell and Florence Jaumotte, How Has The Globalization of Labor Affected The Labor Income Share in Advanced Countries?, *International Monetary Fund, Working Papers*, 2007, No.298.

本短缺,劳动份额稳定,然后上升。刘易斯从经济结构的角度阐述了劳动份额的发展趋势。他提出了一个描述发展中国家经济结构的二元经济模型。在这个二元模型中,经济发展可以分为两个阶段:第一阶段是劳动力无限供给阶段,即从传统部门向现代部门转变的阶段。这一阶段,工资取决于维持生活所需的基本生活资料的价值,劳动份额会下降。第二阶段是劳动力短缺阶段,此时传统部门中的剩余劳动力被现代工业部门吸收完毕,工资取决于劳动的边际生产力。劳动力由剩余变为短缺,相应的劳动力供给曲线开始向上倾斜,劳动力工资水平也开始不断提高,劳动份额会进入上升通道。经济学把联接第一阶段与第二阶段的交点称为"刘易斯转折点"。

3.劳动份额的影响因素

在古典经济学家那里,并没有关于劳动份额的实证研究,只有关于劳动者工资理论的论述。斯密认为,劳动者工资由劳资协议、劳动需求和劳动者生活必需品和便利品的价格来决定。①马克思也认为劳动者的工资是劳资争议的结果,工资的变动受到劳动需求的影响。但是马克思的论述更加深刻,他阐述了劳动者只获得劳动工资的原因——资本主义雇佣劳动制度,从生产关系的角度论述工资;他还认为劳动者的工资是一个历史的道德的因素,受历史文化因素的影响。②

李嘉图最早对劳动份额作了论述,他认为:"在不同的发展阶段中,全部土地产品在地租、利润和工资的名义下分配给各阶级的比例是极不相同的;这主要取决于土壤的实际费力、资本累积和人口状况以及农业上运用的技

---

① 参见[英]亚当·斯密:《国民财富的性质和原因的研究》,郭大力、王亚南译,商务印书馆,2009年,第61~62、79页。

② 参见《马克思恩格斯选集》(第一卷),人民出版社,1995年,第342~343页;《马克思格斯全集》(第42卷),人民出版社,1995年,第49页;《资本论》(第三卷),人民出版社,2004年,第999~1000、924~926、995页。

术、智巧和工具。"①边际主义的代表人物克拉克论述了在理想的静态条件下（没有技术、资源和增长的变化），资本和劳动如何按他们的生产贡献得到公正的报酬。他认为社会的收入受自然规律的支配，在这个规律充分发挥作用的情况下，每一个生产要素（资本、劳动、土地）创造多少财富，各社会集团就得到多少财富。这就是说，工资等于最后单位的劳动（即边际单位的劳动）的产量。希克斯论述了技术进步对劳动份额的影响。他认为要素相对价格改变会诱使企业家进行技术创新，使用相对价格较低的要素，产生有偏技术进步。无论技术创新是劳动节约型还是资本节约型或是中性的，都会引起要素份额发生变化。罗宾逊夫人论述了市场的垄断会影响劳动份额，她引入了要素替代弹性这一概念，用要素投入比变化和要素替代弹性来概括要素分配份额的变化。②

　　也有部分学者从劳资谈判的角度分析劳动份额。如制度经济学派更多地强调劳动工资的制度性因素，他们认为：工资率的高低不仅取决于市场，还取决于劳动者的谈判能力，在谈判能力强的经济体中，工资率会高，劳动份额也会增加。③ Johnson 等人认为：工会可以提高工人工资。Wallace 在研究中发现，工人能从罢工中获得收益。④

　　伴随着经济全球化，近年来关于全球化冲击对劳动份额的影响也有很

――――――――

① ［英］彼罗·斯拉法编：《政治经济学及赋税原理》，郭大力、王亚南译，商务印书馆，2009 年，第 1 页。

② See Clark, J.B, *The Distribution of Wealth*, Macmillan, 1899; Hicks, J.R., *Theory of Wages*, Macmillan, 1932; Robinson, J., *Economics of Imperfect Comptition*, Macmillan, 1933.

③ See Arne L. Kalleberg, Michael Wallace, Lawrence E. Raffalovich, Accounting for Labor's Share: Class and Income Distribution in the Printing Industry, *Industrial and Labor Relations Review*, Vol.37, No.3(Apr., 1984); Alan B.Krueger, Measuring Labor's Share, *American Economic Review*, 1999, 89(2).

④ See Nicola Giammarioli, Thomas Steinberger, European Labor Share Dynamics: An Institutional Perspective, *EUI Working Paper ECO*, No.2002/13; E.Johnson, Economic Analysis of Trade Unionism, *American Economic Review*, 1975, (65); Michael Wallace, Unions, Strikes, and Labor's Share of Income, *A Quarterly Analysis of the United States*, 1949–1992.

多研究。Harrison 指出：发达国家劳动份额的变化与全球化进程有密切联系，他认为资本的谈判地位在全球化进程中得到了加强，从而降低了劳动与资本的讨价还价能力，恶化了劳动者的收入。Askenazy 的理解更加深入，认为发展中国家廉价商品的竞争压力，促使发达国家的熟练劳动力和非熟练劳动力分别向科学研究与试验发展（R&D）密集的行业和服务业转移。在与发展中国家的贸易中，只要在 R&D 密集的行业里，劳动力的边际收益就递减，发达国家的服务业规模足够大，服务品是不可贸易的，因此发达国家的劳动份额就可能不降而升。Diwan 研究了劳动份额和金融危机之间的关系，发现一国发生金融危机之后，劳动份额大多降低，这表明金融危机的社会损失更多地由劳动者承担了。

（二）国内相关文献综述

1.劳动份额的估算

由于统计资料的限制和统计口径的变化使得劳动份额的估算存在诸多困难，大部分学者采用省际收入法国内生产总值（GDP）加总计算我国劳动份额（姜磊，白重恩、钱振杰）。省际收入法具有时间连续、跨度长等优点。但是由于我国采取分级核算体制，地区 GDP 核算易受地方干预，可能出现地方 GDP 加总高出全国核算数据的情况，从而影响估算的准确度。因此，章上峰、许冰使用生产函数法计算我国劳动份额。由于我国把个体经济的所有收入都归为劳动报酬，高估了我国劳动份额，张车伟、张士斌利用约翰逊的方法，对劳动份额进行了调整，以准确计算我国劳动份额。①

① 参见姜磊：《我国劳动分配比例的变动趋势与影响因素——基于中国省级面板数据的分析》，《当代经济科学》，2008 年第 4 期；白重恩、钱震杰：《国民收入的要素分配：统计数据背后的故事》，《经济研究》，2009 年第 3 期；章上峰、许冰：《初次分配中劳动报酬比重测算方法研究》，《统计研究》，2010 年第 8 期；张车伟、张士斌：《中国初次收入分配格局的变动与问题——以劳动报酬占 GDP 份额为视角》，《中国人口科学》，2010 年第 5 期。

2.我国劳动份额的发展趋势

由于原始数据缺乏,我国对改革开放之前劳动份额研究较少。李扬利用中国统计年鉴,首次计算了 1955 年、1960 年、1965 年、1970 年、1975 年、1978—1990 年的劳动份额,结果显示,改革开放前我国劳动份额处于波动的状态。

改革开放之后,由于研究者们使用了不同的原始数据和计算方法,因此对不同年度的测算,其结果存在着很大的差异,大部分学者认为,我国在改革开放之后,劳动份额经历了先上升后下降的趋势(李扬、殷剑峰;白重恩、钱振杰;姜磊;章上峰、许冰)。也有学者认为,我国劳动份额在改革开放之后保持稳定。张车伟、张士斌认为,劳动份额在改革开放以来的大部分时间内保持了相对稳定,仅仅在最近几年才开始出现明显下降。

有部分学者比较分析了中外劳动份额的发展趋势。肖红叶、郝枫比较分析了美国 1947—2005 年与中国 1952—2004 年不同的发展趋势,同时参照了发达国家和发展中国家经济体。他们认为:中国国民经济初次分配结构演进中,劳动要素地位持续恶化;劳动份额与人均实际 GDP 呈反方向变动关系。劳动份额与人均 GDP 的长期反向关系主要由产业结构变化引起,而短期反向关系则揭示出我国经济增长以劳动份额下降为代价,增长成果更多流向资本的发展模式。[①]

关于劳动份额演变的规律和未来我国劳动份额发展的趋势。梁东黎认为,从时间序列视角来看,当经济发展水平较低时,随着经济发展水平的提高,资本报酬份额提高、劳动报酬份额下降;当经济发展水平较高时,随着经济发展水平的提高,资本报酬份额下降,劳动报酬份额上升。这一规律从不同国家的横截面视角得到一定程度的再现。[②]李稻葵等则认为,在世界各国

---

① 参见肖红叶、郝枫:《中国收入初次分配结构及其国际比较》,《财贸经济》,2009 年第 2 期。

② 参见梁东黎:《初次分配格局的形成和变化的基本规律》,《经济学家》,2008 年第 5 期。

的经济发展过程中,在初次分配中劳动份额的变化趋势呈现 U 型规律,即劳动份额先下降后上升,转折点约为人均 GDP 6000 美元(2000 年购买力平价)。就未来劳动份额发展的趋势来看,他认为,中国经济未来两年左右在初次分配中劳动份额可能进入上升通道。姜磊、张全红也持类似的观点,认为随着"刘易斯拐点"的到来,劳动力将会由过剩转变为短缺,劳动的供给曲线将变得陡峭,功能性分配将开始有利于劳动者,劳动报酬比例将进入上升通道。[1]

3.我国劳动份额演变的原因及影响因素

对于改革开放之后我国劳动份额的上升,大部分学者认为是制度调整的结果。李扬认为,劳动份额在改革开放之后有两次跃升,第一次是 1979 年,主要是因为农村居民收入水平的提高,这是国家提高农产品收购价格和在农村广泛开展家庭联产承包责任制的结果。第二次是 1984—1985 年,主要是城市居民收入水平的提高,这是我国工资制度改革的结果。戴园晨、黎汉明认为,我国劳动力市场机制还没有形成,工资攀比的压力形成了工资侵蚀利润的结果,导致劳动份额提高。[2]

近年来,我国劳动份额的下降已引起了许多学者的关注,许多学者从不同的角度探究劳动份额下降的原因。归纳起来代表性的结论有以下八个:

第一,巨大的就业压力。我国长期形成的二元经济结构使得劳动力的供给呈现无限供给的状态,也就是说劳动力供给曲线成水平的状态。由此带来了经济发展,劳动收入相对稳定,而资本收益上升,劳动份额下降(卓勇良,姜磊,李稻葵,张全红)。

第二,技术进步的偏导性。在我国经济发展中,我国多采用劳动节约型

① 参见李稻葵、刘霖林、王红领:《GDP 中劳动份额演变的 U 型规律》,《经济研究》,2009 年第 1 期;姜磊:《我国劳动分配比例的变动趋势与影响因素——基于中国省级面板数据的分析》,《当代经济科学》,2008 年第 4 期;张全红:《我国劳动收入份额影响因素及变化原因——基于省际面板数据的检验》,《财经科学》2010 年第 6 期。

② 参见戴园晨、黎汉明:《工资慢蚀利润》,《经济研究》,1988 年第 6 期。

技术,因此产生了"机器排斥人"的现象,减少了对劳动的需求,造成我国劳动份额下降(刘丽,黄先海,杨俊)。①

第三,产业结构的变化。第二产业过快增长对劳动份额的负面作用抵消了第三产业的积极作用,这是劳动份额下降的主要原因(张虎)。②

第四,市场的不完全性。我国的劳动力市场存在城乡分割、地区分割和行业分割的局面,劳动力流动成本高,从而降低了劳动者的供给弹性,使劳动份额下降(马秀贞)。③

第五,工会在保护劳动者权益方面的缺位。在我国,工会覆盖率与行业劳动报酬呈现出"剪刀差"悖论关系,工会并未对劳动报酬产生显著影响,而行政垄断力量在行业劳动报酬差距扩大和工会组织行政化中起到了重要的作用(张原,陈建奇)。④

第六,政府的发展策略。各级政府重资轻劳,在制定经济政策和制度创新时更多地向企业倾斜,而忽视了对劳动者权益的保障(卓勇良,陆铭)。⑤

第七,人力资本投资。我国普通劳动者尤其是农村进城务工人员的整体素质不高,劳动力的人力资本含量偏低,劳动者因自身素质差、维权意识差、凝聚力差等降低了与企业谈判和博弈的能力,从而导致劳动份额下降(韩金华等)。⑥

　　① 参见刘丽:《经济增长过程中工资分配的变动——基于中国经济数据的实证分析》,《当代经济科学》,2008 年第 4 期;黄先海、徐圣:《中国劳动收入比重下降成因分析》,《经济研究》,2009 年第 7 期;杨俊、邵汉华:《资本深化、技术进步与全球化下的劳动报酬份额》,《上海经济研究》,2009 年第 9 期。

　　② 参见张虎、梁东黎:《我国劳动份额研究:基于马克思的方法》,《当代经济研究》,2009 年第 10 期。

　　③ 参见马秀贞:《社会分配:效率与公平关系及其有效处理》,《国家行政学院学报》,2008 年第 4 期。

　　④ 参见张原、陈建奇:《工会与行业劳动报酬的剪刀差悖论:基于中国数据的经验研究》,《经济评论》,2010 年第 5 期。

　　⑤ 参见卓勇良:《关于劳动所得比重下降和资本所得比重上升的研究》,《浙江社会科学》,2007 年第 3 期;陆铭:《劳动收入占比下降:为什么? 怎么办? 》,《上海证券报》,2008 年 9 月 9 日。

　　⑥ 参见韩金华、李忠华、白子芳:《改革开放以来劳动报酬占初次分配比重演变轨迹,原因及对策研究》,《中央财经大学学报》,2009 年第 12 期。

第八，经济全球化。对外贸易提高了我国企业的全要素生产率，使劳动份额下降；外商直接投资的技术领先机制大于工资竞争机制，使其对劳动份额的扩大效应大于缩减效应。经济全球化是我国劳动份额下降的外部因素（姜磊，张媛）。①

许多学者通过分析劳动份额下降的原因，进一步探究劳动份额的决定因素和影响因素，以研究劳动份额背后的决定性力量。白重恩、钱振杰认为，对于一个行业或部门而言，要素收入份额的变化由技术变化、产品市场的竞争程度变化，以及要素市场的扭曲变化导致（例如，劳动者对资本的谈判能力的变化）。其他因素，如国际化、金融危机、石油危机无非是通过上面三个因素间接地影响要素收入份额。黄先海、徐圣引入希克斯要素偏向型技术进步的思想推导了劳动收入比重变化率的分解公式，发现劳动收入比重的变化率取决于三个因素：乘数效应大小、资本深化的速度、劳动（或资本）节约型技术进步的大小。姜磊认为，二元经济中的劳动分配比例取决于劳均资本存量、劳动者教育水平、全要素生产率、就业压力和工会的讨价还价能力。由于二元经济中的工会讨价还价能力普遍较弱，全要素生产率普遍较低，因此二元经济中的劳动分配比例主要取决于劳均资本存量、劳动者教育水平和就业压力。罗长远总结了国内外学者的研究，概括出影响劳动收入占比的因素主要有：资本产出比、技术进步、全球化、经济发展水平、非正规部门的规模、对劳动力的保护程度、人力资本积累、财政收支。

4.提高劳动份额的措施

针对我国劳动份额下降这一现象，许多学者认为应采取措施提高劳动份额。概括起来，大体上有经济的、行政的和法律的三类措施。

第一，经济措施。林毅夫认为，可以通过改变产业结构，大力发展劳动密

① 参见姜磊、张媛：《对外贸易对劳动分配比例的影响——基于中国省级面板数据的分析》，《国际贸易问题》，2008年第10期。

集型产业来提高劳动份额。刘丽建议,推动我国技术进步的使用偏向向使用劳动、节约资本的方向转变,以提高劳动份额。王小鲁认为,应该通过改善小企业运营环境、扩大就业机会来提高劳动份额。①

第二,行政措施。信卫平认为,各级政府目前在收入分配领域的调控重点应放在提高劳动报酬,特别是提高最低工资标准方面。中华全国总工会认为,应发挥政府主导作用,健全企业工资收入分配宏观调控体系;同时应把逐步提高居民收入在国民收入分配中的比重和劳动报酬在初次分配中的比重、促进职工工资正常增长纳入国民经济和社会发展计划,作为对各级政府及主要负责人的考核目标。常兴华、李伟认为政府要充分履行劳动监察责任,查处企业损害劳动者权益的行为,保障劳动者的合法权益。②

第三,法律措施。汪同三认为应通过制度保护提高劳动者在收入分配中的讨价还价能力,提高劳动份额。易培强认为,应加强保证初次分配有序运行的法律制度建设。例如,保障劳动者充分就业的劳动就业制度、保障按劳分配收入的主体地位和工资正常增长的制度、生产要素所有者凭借其要素产权取得合理收入制度的建设。苏海南认为应建立健全企业工资决定机制和正常增长机制,推进以工资集体协商为主要形式的具有中国特色的职工民主参与工资决定的制度建设。③

---

①　参见林毅夫:《以初次分配实现公平和效率的统一》,《党政干部文摘》,2007年第6期;刘丽:《经济增长过程中工资分配的变动——基于中国经济数据的实证分析》,《当代经济科学》,2008年第4期;王小鲁:《关于国民收入分配现状即改善收入分配的对策考虑》,《国民收入分配若干问题研究》,全国人大财经委专题调研组编,中国财政经济出版社,2010年,第206页。

②　参见信卫平:《关于提高劳动收入的宏观思考》,《宏观经济管理》,2007年第2期;中华全国总工会:《当前企业收入分配领域存在的问题和政策建议》;常兴华、李伟:《我国国民收入分配机制研究》,《国民收入分配若干问题研究》,全国人大财经委专题调研组编,中国财政经济出版社,2010年,第25、116页。

③　参见汪同三:《改革收入分配体系解决投资消费失调》,《金融纵横·财富》,2007年第22期;易培强:《关于收入初次分配制度建设的思考》,《湖南师范大学社会科学学报》,2007年第4期;全国人大财经委专题调研组:《国民收入分配若干问题研究》,中国财政经济出版社,2010年,第58页。

（三）三点认识

以上分析表明，国内外劳动份额发展趋势的研究已经取得了丰硕的成果。国内外的研究既有相同之处也存在较大的差异。

1.国内外劳动份额发展趋势研究的共性

由于都以劳动份额发展趋势为研究对象，国内外的研究有许多相通之处：第一，劳动报酬涵盖的范围大体相当，不仅包括工资等货币性收入，也包括社会保险、其他福利等收入；在劳动份额估算中都面临着对自我雇佣者收入如何估算的问题。第二，劳动份额的影响因素类似，市场是劳动份额的基本决定力量，市场竞争性、政府政策、技术进步、全球化等因素会使劳动份额发生变化。国内外劳动份额发展研究中的相通之处，为我们借鉴国外劳动份额的研究方法、研究框架、理论成果等提高了基础，也为中外劳动份额发展趋势的比较分析提供了可能。

2.国内外劳动份额发展趋势研究的不同

由于国外的研究多以发达国家劳动份额发展趋势为研究对象，而国内的研究以我国劳动份额发展趋势为研究对象，因此国内外研究也存在着很大差别：第一，对劳动份额发展趋势的事实判断。发达国家劳动份额趋于高水平稳定状态；而我国劳动份额大体上经历了先上升后下降的趋势。第二，在劳动份额的决定因素上，尽管决定因素类似，但是各个因素却表现出不同的态势，这些态势在发达国家以成熟的市场国家为特征，而在我国却与"转型"相联系。经济结构、产业结构、市场结构等的转型使得我国劳动份额的决定性力量与发达国家有很大不同，也使我国劳动份额表现出不同的演变规律。第三，在研究目的上，国外的研究基本上是从理论上或者经验上证明或者质疑劳动份额的稳定性；国内的研究主要是针对我国劳动份额偏低的现实，为提高劳动份额提供决策参考。国内外劳动份额发展趋势研究的差异，要求对我国劳动份额发展趋势的研究更应该考虑到中国特色。

3.汲取精华,突出中国特色

国外的研究就理论分析来说,研究时间较长,理论内容丰富,几乎每一个理论都有一个完整的分析框架;就经验分析来讲,国外的研究角度多样、时间跨度较大,研究的历史也更长,因此取得了更加丰硕的研究成果。而国内劳动份额的研究只是近几年才成为一个研究热点,缺乏长期的研究,与经验分析相比,理论分析更显薄弱。因此,国内的研究有必要借鉴国外的研究成果,国内外研究的相通之处也为汲取、借鉴国外的研究成果提供了可能。

在汲取精华的过程中,必须考虑到国内外研究的重大差异,因此无论是经验分析还是理论分析的成果,都必须界定分析的条件,对其适用范围作清楚的界定。更重要的是突出中国特色,我国劳动份额发展趋势需要放在改革开放的背景下去考察,需要考虑我国转型期的经济结构、产业结构、市场结构所表现出来的特征,也需要考虑我国经济社会发展目标的约束。

三、研究对象与研究框架

(一)研究对象

本书的研究对象是改革开放以来我国劳动份额发展趋势。核心概念是"劳动份额""发展趋势"。下面对本书劳动份额与发展趋势的概念和研究对象的时空选择作一基本解释。

劳动份额是指在国民收入初次分配中,劳动获得的收入份额,也叫劳动报酬比重或者劳动收入份额,简称劳动份额。按照国家统计局的解释,劳动者报酬是指劳动者因从事生产活动所获得的全部报酬,包括劳动者获得的各种形式的工资、奖金和津贴,既包括货币形式的,也包括实物形式的,还包括劳动者所享受的公费医疗和医药卫生费、上下班交通补贴和单位支付的社会保险费等。对于个体经济来说,其所有者获得的劳动报酬和经营利润不易区分,这两部分统一作为劳动者报酬处理。①收入法核算的 GDP 把 GDP 分为劳动者报酬、生产税净额、固定资产折旧、营业盈余四部分。本书采用省级收入法 GDP 加总计算劳动份额。使用这种方法,时间有连续性且跨度较长。

发展趋势是指事物发展的方向,以改革开放为起点的劳动份额发展趋势,既包括改革开放至今的事实演变趋势,也包括以现在为起点的未来的发展方向。

本书的研究对象在空间上选择了我国,时间上选择了改革开放之后。空间上选择我国,是因为我国学者研究劳动份额理应为政府政策选择服务,无论是我国劳动份额的研究,还是国外劳动份额的研究或者中外比较分析,其落脚点都应服务于我国经济社会发展的需要;以其他国家或者经济体作为参照,有利于对我国劳动份额演变作出更加客观的事实判断,也有利于从比较分析的角度探究我国劳动份额演变规律。

时间上的选择为改革开放之后,特别是 1992 年实行市场方向的经济体制改革目标之后。时间的选择一方面是因为数据估算的便利,这一时期,我国劳动份额的经济数据比较全面,有利于经验分析;另一方面是因为改革开放之后,中国劳动份额的演变走过了先上升后下降的轨迹,通过对这一轨迹演化的分析基本可以概括出中国劳动份额的演变规律。将改革开放之前的劳动份额演变作为参照,有助于更加准确地描绘我国劳动份额的演变趋势,探究我国劳动份额演变的规律。

---

① 国家统计局:统计指标解释,http://www.stats.gov.cn/tjzd/tjzbjs/t20020327_14293.htm。

（二）研究框架

本书共分导论、主体部分及结语，主体部分为五章，主要内容分别是：

导论，介绍选题背景与选题意义，对该领域研究现状和已有文献进行回顾。在此基础上，界定本书的研究对象，明确研究框架，说明研究方法与可能的创新之处。

第一章，劳动份额理论的比较分析。归纳和分析马克思主义劳动份额理论；比较分析西方主流经济学劳动份额理论，并对马克思主义劳动份额理论和西方经济劳动份额理论作比较分析；对国内学者有代表性的劳动份额理论进行评析，在理论分析的基础上提出我国劳动份额的决定因素。

第二章，改革开放以来我国劳动份额演变趋势。本章主要是对我国劳动份额发展趋势作出事实判断，在此基础上探究劳动份额的决定因素。首先对我国劳动份额的估算方法、数据来源进行说明，估算出我国劳动份额演变的时间趋势、产业趋势和区域趋势的基本数据，对我国劳动份额演变的时间趋势、产业趋势和区域趋势进一步分析；其次比较分析中外劳动份额的演变趋势；最后对我国劳动份额演变趋势作出事实判断。

第三章，我国劳动份额演变的原因及决定因素。在第二章我国劳动份额演变趋势分析的基础上，进一步分析我国劳动份额演变上升和下降的原因，探究决定我国劳动份额演变的因素。首先分析 1978—1985 年和 2007—2009年我国劳动份额上升的原因；其次利用省级单位的面板数据分析我国1995—2007 年劳动份额下降的原因；最后综合我国劳动份额上升和下降的原因，从经验分析的角度提出我国劳动份额的决定因素，并在理论分析和经验分析相结合的基础上分析我国劳动份额的决定因素体系。

第四章，在发展中提高我国劳动份额。使用第三章我国劳动份额决定因素的结论，提出提高我国劳动份额的具体措施。借鉴发展经济学有关理论对我国劳动份额的基本含义进行界定;借鉴政府经济学、政治学、行政管理学等学科有关理论,采用理论分析和经验分析相结合的方法,分析政府对我国劳动份额的影响;提出提高劳动份额的具体措施。

第五章,2010年之后我国劳动份额发展的趋势。在第二章劳动份额演变趋势和第三章劳动份额决定因素基础上,评析国内外具有重要影响的两个劳动份额演变趋势规律,提出我国劳动份额演变趋势规律;在此基础上对提高我国劳动份额的因素和抑制我国劳动份额的因素进行分析,对我国2010年之后劳动份额的发展趋势作出预测。

结语,对本书研究的主要结论及贡献作出说明,并提出研究存在的缺憾和有待进一步研究的问题。

四、研究方法与创新工作

(一)研究方法

1.实证分析为主、规范分析为辅

实证分析是理论分析的基础,本书运用统计学、计量经济学等实证工具,研究劳动份额演变的趋势,并用较先进的面板数据模型检验劳动份额的影响因素,为理论分析提供基础。然而实证分析无法替代规范分析,规范分析可以对实证分析的结果作出评价,还能对现实进行抽象,得出规律。因此,本书使用实证分析为主、规范分析为辅的研究方法。

2.比较分析法

比较分析方法是被各学科广泛采用的方法,本书中也多次采用。在理论阐述中,比较分析各学派的劳动报酬理论,澄清各理论的使用前提,寻找合适分析我国劳动份额的理论框架。在实证研究中,比较分析我国不同时间、

区域和中外劳动份额演变的趋势,把握我国劳动份额演变的规律。

3.跨学科研究

一般来说,西方主流经济学注重生产力角度,马克思主义经济学注重生产关系角度,本书综合运用马克思主义经济和西方主流经济学,从生产力和生产关系结合的角度研究我国劳动份额。政府政策选择研究上注意汲取公共行政学、行政管理学和政治学的理论和方法,对其进行跨学科分析。

(二)创新工作

1.对马克思主义和西方主流经济学的劳动报酬理论进行梳理

澄清条件,界定理论使用的范围,阐释我国国内学者的分析框架和相关理论,对影响我国劳动份额的决定因素进行理论分析。

2.采用统一的 GDP 省份加总的方法对我国 1978—2009 年我国劳动份额和国外代表性国家进行估算

分析我国劳动份额演变趋势的时间趋势、产业趋势和区域趋势、中外劳动份额发展趋势,对我国劳动份额的演变趋势作出事实判断和基本评价。

3.比较分析我国劳动份额演变的原因及决定因素

分析 1978—1985 年、2007—2009 年两个时段我国劳动份额上升的原因;利用省级单位的面板数据分析我国 1995—2007 年劳动份额下降的原因;结合劳动份额上升和下降的原因以及劳动报酬理论,提出我国劳动份额决定因素体系。

4.对提高我国劳动份额的措施进行跨学科分析

从科学发展观的高度对提高我国劳动份额的基本含义进行界定;采用理论分析和经验分析相结合的方法,分析政府对我国劳动份额的影响;提出提高劳动份额的具体措施。

5.对未来劳动份额发展趋势作出推测

在评析国内外具有重要影响的两个劳动份额演变趋势规律基础上,结合我国劳动份额的特性,概括出我国劳动份额演变趋势规律;对我国未来劳动份额的发展趋势作出预测。

第一章　劳动份额理论的比较分析

第一节　马克思主义劳动份额理论

一、马克思的劳动份额理论

马克思并没有关于劳动份额的论述,只有关于劳动者工资理论的论述。而马克思是把工资和劳动报酬换用的,马克思在《雇佣劳动与资本》中,曾这样表述:"劳动报酬忽而提高,忽而降低,是依需求和供给的关系为转移的,依购买劳动力的资本家和出卖劳动力的工人之间的竞争情形为转移的。"[①]这里,劳动报酬就是指工资。因此,马克思的工资理论可以看作劳动报酬理论。

---

① 《马克思恩格斯选集》(第一卷),人民出版社,1995 年,第 342 页。

(一)对资本主义社会劳动份额的分析

1.工资决定理论

在资本主义条件下,劳动力是商品,因而调节一般商品价格的规律,也调节工资,即调节劳动力价格。劳动力价格是随着劳动力供求关系的变动而不断波动,是以购买劳动力的资本家和出卖劳动力的雇佣工人之间的竞争为转移的。然而在劳资之间的斗争中,劳动者处于弱势地位。马克思指出:"工资决定于资本家和工人之间的敌对的斗争。胜利必定属于资本家。资本家没有工人能比工人没有资本家活得长久。资本家的联合是很通常而卓有成效的,工人的联合则遭到禁止并会给他们招来恶果。"①

然而供求关系和劳资斗争只不过决定了工资围绕"自然价格"的变化,而不能决定"自然价格"本身。也就是说,供求关系和劳资斗争只是解释了市场价格如何向"自然价格"运动,但不能解释"自然价格"本身的位置是如何决定的。

马克思认为,工资作为劳动力商品的价格,与其他商品一样,是由劳动力商品本身的价格决定的,它等于生产和再生产劳动力必需的生活资料的价值。马克思指出:"简单劳动力的生产费用就是维持工人生产和延续工人的后代费用。这种维持和延续后代费用的价格就是工资。这样决定的工资就叫作最低工资额。"②这个价格就是劳动力的"自然价格"。劳动力的市场价格是围绕着"自然价格"不断波动的,但是整个工人阶级的工资在其范围内则是和"自然价格"相等的。

2.工资决定之决定理论

在阐述了工资的市场价格和自然价格之后,马克思进一步分析了生产

① 《马克思恩格斯全集》(第42卷),人民出版社,1995年,第49页。
② 《资本论》(第三卷),人民出版社,2004年,第343页。

条件对分配的决定性作用。马克思认为,分配有两个层次的分配,其一是生产条件的分配。这种分配是"生产关系本身范围内"的事情,实际是生产方式本身。其二是生产基础上所进行的个人收入分配。人们用这种分配关系来表示对产品中归个人消费部分的各种索取权,如利润、地租、工资等。马克思认为,生产条件的分配决定了个人收入分配。如在资本主义社会,"资本本身已经以这样一种分配为前提:劳动者被剥夺了劳动条件,这些条件集中在少数个人手中,另一些个人对土地拥有排他的所有权。"①如果劳动不采取雇佣劳动的形式,那么就不存在资本。如果产品的一部分不转化为资本,它的另一部分就不会采取工资、利润和地租的形式。因此在资本主义条件下,劳动者获得工资,资本家获得剩余价值,是由资本主义的特殊生产条件决定的,也就是由资本主义生产资料的私人占有制决定的。

3.资本份额与劳动份额的对立及发展趋势

马克思首先分析了在静态条件下,即在增加值既定的条件下,资本份额与劳动份额的对立。他指出:"工资和利润是互成反比的。资本的份额即利润越增加,则劳动的份额即日工资就越降低。利润增加多少,工资就降低多少;而利润降低多少,则工资就增加多少。"②

继而马克思分析了在动态条件下,即在经济发展过程中,劳动与资本份额的变动。他认为,随着经济的发展,工人的生活条件会有所改善,或者说"工人得到的残羹剩饭就越多"。但是资本获得了更大的份额。他指出:"即使最有利于工人阶级的情形,即资本的尽快增加改善了工人的物质生活……可是,资本的利润增加得更加迅速无比。"③也就是说,劳动份额会伴随着经济的发展而下降。并且资本主义分工的发展和大规模地采用机器,会出现机器排挤人的现象,使工人的劳动报酬绝对地下降。总之,随着经济的发展,劳

---

① 《资本论》(第三卷),人民出版社,2004 年,第 995 页。
②③ 《马克思恩格斯选集》(第一卷),人民出版社,1995 年,第 353 页。

动报酬会出现绝对地或者相对地下降,因此劳动份额会呈现下降的趋势。

马克思最后分析了劳资份额最终发展的趋势。他认为,随着资本主义的发展,劳动份额会逐渐降低,最终的结果会使劳动份额为0,也就是资本获得全部份额。他认为:"在一极是财富的积累,同时在另一极,即在把自己的产品作为资本来生产的阶级方面,是贫困、劳动折磨、受奴役、无知、粗野和道德堕落的积累。"①此时会发生资本主义生产关系的根本变革,使劳动份额发展的趋势发生突变。

(二)对共产主义劳动份额的科学预测

马克思在对资本主义社会科学分析的基础上,对共产主义社会的收入分配也作出了科学预测。

第一,劳动获得全部份额。马克思认为,在资本获得全部份额之后,资本主义生产关系会发生变革,由此产生新的共产主义的生产关系。在共产主义社会,实行生产资料的公有制,资本作为一种社会关系将不再存在,因此劳动者获得全部份额。

第二,劳动者收入在共产主义第一阶段还存在差距。他认为,由于"资产阶级的权利"依然存在,只能采取按劳分配。即"每一个劳动者,在作了各项扣除以后,从社会领回的,正好是他给予社会的。他给予社会的,就是他个人的劳动量"。但是"在提供的劳动相同、从而由社会消费基金中分得的份额相同的条件下,某一个人事实上所得到的比另一个人多些,也就比另一个富些"。②

第三,在共产主义高级阶段,劳动者的收入差距会消失。"在迫使个人奴隶般地服从分工的情形已经消失,从而脑力劳动和体力劳动的对立也随着

① 《资本论》(第一卷),人民出版社,2004年,第743页。
② 《马克思恩格斯选集》(第三卷),人民出版社,1995年,第304页。

消失之后；在劳动不仅仅是谋生的手段，而且本身成了生活的第一需要之后；在随着个人的全面发展，他们的生产力也增长起来，而集体财富的一切源泉都充分涌流之后，只有在那个时候，才能完全超出资产阶级权利狭隘的界限，社会才能在自己的旗帜上写上：各尽所能，按需分配！"①

二、列宁劳动报酬思想

（一）列宁对马克思劳动报酬思想的继承

1.从生产关系的角度研究劳动报酬

列宁继承了马克思主义经济学的制度学传统，注重从生产关系的角度研究劳动报酬。在论述马克思主义的来源和三个组成部分时，他指出："凡是资产阶级经济学家看到物与物之间的关系（商品交换商品）的地方，马克思都揭示了人与人之间的关系。"②他还指出："政治经济学决不是研究'生产'，而是研究人们在生产上的社会关系，生产的社会结构。这些社会关系一经彻底阐明和彻底分析，各个阶级在生产中的地位也就明确了，因而，他们获得的国民消费份额也就明确了。"③在谈到社会主义阶段的分配时，他指出："真正共产主义的'公式'与考茨基之流、孟什维克、社会革命党人及其在伯尔尼国际中的亲爱'兄弟们'的华丽、圆滑、堂皇的辞藻不同的地方，就在于它把一切归结于劳动条件。"④"资产阶级权利依然是社会成员分配产品和分配劳动的调节者（决定者）。"⑤

---

① 《资本论》（第一卷），人民出版社，2004年，第305~306页。

② 《列宁选集》（第二卷），人民出版社，1995年，第312页。

③ 《列宁选集》（第一卷），人民出版社，1995年，第188页。

④ 《列宁选集》（第四卷），人民出版社，1995年，第17~18页。

⑤ 《列宁选集》（第三卷），人民出版社，1995年，第196页。

2.社会主义阶段劳动者报酬仍然存在着结果的不公平

一方面,在社会主义阶段实现了权利的平等。"不劳动者不得食"和"对等量劳动给予等量产品"的社会主义原则也已经实现了。生产资料已经不是个人的私有财产,它们已归全社会所有。社会的每个成员完成一定的社会必要劳动,就从社会领得一张凭证,证明他完成了多少劳动量。他根据这张凭证从消费品的社会储存中领取相应数量的产品。这样扣除了用作社会基金的那部分劳动量,每个劳动者从社会领回的正好是他给予社会的。但是另一方面,劳动者报酬存在着结果的不公平。列宁引用马克思的话指出,这里确实有"平等的权利",但这仍然是"资产阶级权利",这个"资产阶级权利"同任何权利一样,是以不平等为前提的。任何权利都是把同一标准应用在不同的人身上,即应用在事实上各不相同、各不同等的人身上,因而"平等的权利"就是破坏平等,就是不公平。

(二)列宁对马克思劳动报酬思想的发展

1.对无酬劳动的高度赞赏

列宁对于共产主义星期六义务劳动高度赞赏。他认为,共产主义星期六义务劳动非常可贵,它是共产主义的实际开端,而这是极其难得的。他指出:"实行'共产主义星期六义务劳动',不领任何报酬地加班工作,并且大大提高了劳动生产率。难道这不是极伟大的英雄主义吗?难道这不是具有世界历史意义的转变的开端吗?"①

2.社会主义社会仍然需要激励措施

由于社会主义革命首先在经济文化落后的俄国取得胜利,所以列宁认为,发展生产的任务是首要的,因此在社会主义阶段,仍然需要激励措施,以

---

① 《列宁选集》(第四卷),人民出版社,1995年,第16页。

刺激劳动者的劳动,发展生产,提供更加丰富的物质和精神产品。列宁提出的监督措施有两种:其一是通过严格的计算和监督来激励劳动者努力劳动。他指出:"社会主义的前提是在没有资本家帮助的情况下进行工作,是在劳动者有组织的先锋队即先进部分施行最严格的计算、监督和监察下进行社会劳动;同时还应该规定劳动量和劳动报酬。"[1]其二是通过合理的分配激励劳动者。他认为,应当合理地进行分配,应当用来奖励那些英勇奋斗、努力工作、才干出众和忠心耿耿的经济工作者。[2]

3.社会主义社会工会对劳动者利益的保护

他认为,社会主义国家仍然是官僚主义弊病的工人国家,没有工会就不能保护全体无产阶级的物质利益和精神利益。应当利用工会来保护工人免受自己国家的侵犯。他指出:"今后工会最主要的任务之一,就是在无产阶级同资本作斗争时从各方面全力维护无产阶级的阶级利益。这项任务应当公开提到一个极重要的地位。"[3]工会对劳动者利益的保护主要采取两种手段:其一是罢工。他指出:"工会的机构应当作相应的改组、改变或扩充,应当设立,或确切些说,应当着手设立罢工基金等等。"[4]他还指出:"只要小农经济和市场统治的一切根子还没有因此而被铲除……决不能放弃罢工斗争,不能在原则上同意实行用强制的国家调解代替罢工的法律。"[5]其二是参与制定工资标准。他认为:"在建设社会主义和参加工业管理方面,工会工作的一个必要组成部分就是制定工资标准和供给标准等。"[6]

---

① 《列宁选集》(第四卷),人民出版社,1995年,第91页。
② 同上,第380页。
③④ 同上,第620页。
⑤⑥ 同上,第625页。

三、中国特色社会主义劳动份额思想

（一）毛泽东劳动份额理论

1.反对平均主义、按劳取酬

毛泽东反对平均主义，认为应该各尽所能。他指出："绝对平均主义不但在资本主义没有消灭的时期，只是农民小资产者的一种幻想；就是在社会主义时期，物质的分配也要按照'各尽所能按劳取酬'的原则和工作的需要，决无所谓绝对的平均。"他提出："红军人员的物质分配，应该做到大体上的平均，例如官兵薪饷平等，因为这是现时斗争环境所需要的。但是必须反对不问一切理由的绝对平均主义，因为这不是斗争的需要，适得其反，是于斗争有妨碍的。"[①]

2.随着国民经济的发展不断提高劳动报酬

毛泽东认为，随着经济的发展，要调整工人工资水平，不断提高工人的劳动条件和集体福利。工资水平和各种福利之和就是统计意义上的劳动报酬，因此随着经济发展水平的提高，毛泽东认为应该提高劳动报酬。他指出："工人的劳动生产率提高了，他们的劳动条件和集体福利就需要逐步有所改进。我们历来提倡艰苦奋斗，反对把个人物质利益看得高于一切，同时我们也历来提倡关心群众生活，反对不关心群众痛痒的官僚主义。随着整个国民经济的发展，工资也需要适当调整。"[②]

3.利益兼顾

毛泽东认为，在国家、集体和个人利益上要做到利益兼顾，不能只顾一

---

① 《毛泽东选集》（第一卷），人民出版社，1991年，91页。
② 《毛泽东文集》（第七卷），人民出版社，1999年，第28页。

头。他指出："国家和工厂,国家和工人,工厂和工人,国家和合作社,国家和农民,合作社和农民,都必须兼顾,不能只顾一头。无论只顾哪一头,都是不利于社会主义,不利于无产阶级专政的。""必须兼顾国家、集体和个人三个方面,也就是我们过去常说的'军民兼顾'、'公私兼顾'。鉴于苏联和我们自己的经验,今后务必更好地解决这个问题。"①

(二)邓小平劳动份额思想

改革开放之前,在社会主义传统计划经济体制下,我国实行的是国家高度集中的单一分配机制,各部门、各行业、各地区的工资级别由国家集中制定,工资调整由中央统一部署。加上我国曾极力推行重工业优先发展战略,为维持一定的经济增长率而被迫提高资本积累率,从而被迫实行低工资制。为保证不同阶层之间不至于因为收入差别过大而产生不满情绪,职工之间的收入差距随着工资统一调整而逐步缩小,平均主义的分配机制日益完善并趋于强化。

邓小平在建设中国特色的社会主义的新时期,在坚持马克思、列宁、毛泽东劳动报酬思想的基础上,进一步发展了劳动报酬思想。

1.承认人们合理的物质利益追求

邓小平认为在未达到共产主义之前,人们的思想觉悟还没有极大提高,物质财富也还没有极大丰富的时候,人们都有追求物质利益的动力,因此他主张必须承认人们合理的物质利益追求。他说："不讲多劳多得,不重视物质利益,对少数先进分子可以,对广大群众不行,一段时间可以,长期不行。革命精神是非常宝贵的,没有革命竞争就没有革命行动。但是,革命是物质利益基础上产生的,如果只讲牺牲精神,不讲物质利益,那就是唯心论。"②

---

① 《毛泽东文集》(第七卷),人民出版社,1999年,第31页。
② 《邓小平文选》(第二卷),人民出版社,1994年,第146页。

2.反对平均主义

他认为,要坚持按劳分配原则,就必须打破平均主义的分配方式,劳动者的贡献不同,在待遇上应当有差别。他指出:"如果不管贡献大小、技术高低、能力强弱、劳动轻重,工资都是四五十块钱,表面上看来似乎大家是平等的,但实际上是不符合按劳分配原则的,这怎么能调动人们积极性?"①他还指出:"过去搞平均主义,吃'大锅饭',实际上是共同落后,共同贫穷,我们就是吃了这个亏。改革首先要打破平均主义。"②

3.通过先富实现共同富裕

首先,他认为应该让一部分人先富起来。邓小平指出:"农村、城市都要允许一部分人先富裕起来,勤劳致富是正当的。"③其次,他认为先富只是手段,共同富裕才是目标。邓小平指出:"我们的政策是让一部分人、一部分地区先富起来,以带动和帮助落后地区,先进地区帮助落后地区是一个义务。"④邓小平还指出:"在改革中,我们始终坚持两条根本原则,一是以社会主义公有制为主体,一是共同富裕。……鼓励一部分地区、一部分人先富裕起来,也正是为了带动越来越多的人富裕起来,达到共同富裕的目的。"⑤他坚决反对两极分化,"如果导致两极分化,改革就算失败了⑥"。最后,他提出了先富带动后富,实现共同富裕的两条措施。一是通过税收,二是通过技术转让。邓小平认为,应"通过多交利税和技术转让等方式大力支持不发达地区⑦"。

4.利益兼顾

邓小平同毛泽东一样,坚持国家、集体和个人利益的结合。他指出:"我

---

① 《邓小平文选》(第二卷),人民出版社,1994年,第101页。
②④ 《邓小平文选》(第三卷),人民出版社,1994年,第155页。
③ 同上,第23页。
⑤ 同上,第142页。
⑥ 同上,第64页。
⑦ 同上,第374页。

们提倡按劳分配,对有特别贡献的个人和单位给予精神奖励和物质奖励;也提倡一部分人和一部分地方由于多劳多得,先富裕起来。这是坚定不移的。但是也要看到一种倾向,就是有的人、有的单位只顾多劳多得,不但不照顾左邻右舍,甚至不顾及整个国家的利益和纪律……多劳多得,也要照顾整个国家和左邻右舍。"①他在答意大利记者法拉奇时强调指出:"必须实行按劳分配,必须把国家、集体和个人利益结合起来,才能调动积极性,才能发展社会主义的生产。"②

(三)江泽民劳动份额思想

1.坚持邓小平先富与共富的思想,继续打破平均主义

江泽民坚持了邓小平先富与共富的思想,1996 年,在《为实现八七扶贫攻坚计划而奋斗》的讲话中,江泽民指出:"鼓励一部分地区、一部分人先富起来,先富带动和帮助未富,最终实现共同富裕,是我们既定的政策。这个政策不能变。"③2001 年 7 月,在《庆祝中国共产党成立八十周年大会上的讲话》中,他继续指出:"通过一部分地区、一部分人先富起来,先富带动后富,逐步实现全体人民共同富裕。"④

江泽民认为,应继续打破平均主义,并且认为应该从制度上寻求打破平均主义的出路。他提出:"复杂劳动具有倍加简单劳动的意义,复杂劳动的报酬应该高于简单劳动的报酬。而我国情况却刚好相反,这是分配不公的一个突出问题。"⑤因此应该"探索各种按社会有效劳动时间进行分配的制度,合理拉开职工收入差距,使一些贡献大的工薪人员也能够先富起来"⑥。

---

① 《邓小平文选》(第三卷),人民出版社,1994 年,第 258 页。

② 同上,第 351 页。

③ 《江泽民文选》(第三卷),人民出版社,2006 年,第 549 页。

④ 同上,第 294 页。

⑤⑥ 《江泽民文选》(第一卷),人民出版社,2006 年,第 53 页。

2.从生产力和生产关系相结合的角度分析劳动报酬

江泽民坚持了马克思主义的辩证唯物主义理论,认为应努力扩大生产,为分配提供物质基础。他指出:"生产决定分配,只有通过改革大幅度提高劳动生产率和经济效益,才能使分配制度和政策充分发挥积极作用,才能为根本解决平均主义和收入差距过大问题创造物质基础。"①

另外,江泽民坚持了马克思主义经济学的制度学传统,特别注重从制度的角度分析劳动报酬。他认为:解决平均主义和收入差距过大问题,不能就分配抓分配,而要综合治理,从深化配套改革上找出路。②他提出:"解决社会分配不公问题,还要逐步建立富有弹性的就业制度,使劳动者在竞争中获得大致均等的机遇。"③在党的十四大报告中,他进一步指出:"加快工资制度改革,逐步建立起符合企业、事业单位和机关各自特点的工资制度与正常的工资增长机制。"④

3.国家、集体和个人利益兼顾,防止劳动份额过快增长

江泽民针对收入分配中财政收入占国民收入的比重和中央财政占财政收入的比重的下降,提出应提高"两个比重",避免收入分配向个人倾斜。1993年,在《全面正确把握形势,保持国民经济发展的好势头》中指出:"财政、税收体制改革,重点是处理好中央和地方、国家和企业、企业和个人的关系问题。要提高财政收入占国民收入的比重,提高中央财政占整个财政收入的比重。⑤ 1995年,他提出:"现在出现,一些需要引起注意的突出问题,主要是国民收入分配过分向个人倾斜,国家所得的比重过低;部分社会成员之间收入差距悬殊。……多年来,财政收入占国民生产总值的比重和中央财政收

---

①② 《江泽民文选》(第一卷),人民出版社,2006年,第52~53页。

③ 同上,第55页。

④ 同上,第229页。

⑤ 同上,第298页。

入占全国财政收入的比重逐年下降,国家财政困难增加,赤字不断扩大。因此随着经济的发展,必须逐步提高"两个比重"①,1997年,在党的十五大报告中,他又一次提到:"集中财力,振兴国家财政,是保证经济社会各项事业发展的重要条件。要正确处理国家、企业、个人之间和中央与地方之间的分配关系,逐步提高财政收入占国民生产总值的比重和中央财政收入占全国财政收入的比重。"

在劳动报酬上,一方面他认为,随着经济的发展,应建立起工资正常增长机制;应"坚持贯彻党的富民政策,在发展经济的基础上,努力增加城乡居民的收入,不断改善人们的吃、穿、住、行、用的条件"②。另一方面,他认为,应避免劳动报酬增长过快。企业收入和工资增长与经济效益挂钩应建立在比较科学合理的基础上,应"坚持职工实际收入增长低于劳动生产率增长的原则"。他指出:"工资和奖金的增加,一定要与经济效益挂钩,其增长幅度不得超过效益的增长。要严格控制社会集团消费过快增长。"③

(四)胡锦涛劳动份额思想

从1996年开始,我国劳动报酬持续下降,一直到2007年我国劳动报酬下降了11.58个百分点。同时,收入分配差距逐渐拉大,1996年我国基尼系数为0.379,到2007年提高到0.49。针对我国新时期收入分配的现实,胡锦涛提出了更加注重公平和提高劳动报酬的思想。

2005年10月6日,胡锦涛在党的十六届五中全会第二次全体会议上的讲话中指出:更加"注重社会公平,加大收入分配调节的力度,着力提高低收入者收入水平,逐步扩大中等收入者比重,严格执行最低工资制度,规范收

① 《江泽民文选》(第一卷),人民出版社,2006年,第469~470页。
② 《江泽民文选》(第三卷),人民出版社,2006年,第294页。
③ 《江泽民文选》(第一卷),人民出版社,2006年,第296~297页。

入分配秩序,努力缓解区域发展差距而居民收入分配差距扩大的趋势。"2007年10月15日,他在党的十七大报告中又指出:"合理的收入分配制度是社会公平的重要体现。……初次分配和再分配都要处理好效率和公平的关系,再分配更加注重公平。逐步提高居民收入在国民收入分配中的比重,提高劳动报酬在初次分配中的比重。着力提高低收入者收入,逐步提高扶贫标准和最低工资标准,建立企业职工工资正常增长机制和支付保障机制。"①2010年,他在党的十七届五中全会第二次全体会议上的讲话中强调,应"促进就业和构建和谐劳动关系,合理调整收入分配关系,努力提高居民收入在国民收入分配中的比重、劳动报酬在初次分配中的比重"②。

(五)习近平关于劳动份额的重要论述

十八大以来,习近平根据新时代、新形势针对劳动报酬、就业优先、共同富裕等问题发表了一系列重要论述, 这些论述可以归纳出习近平劳动份额思想的主要内容。

1.分配决定于生产,又反作用于生产

习近平指出:"马克思主义政治经济学认为,分配决定于生产,又反作用于生产,'而最能促进生产的是能使一切社会成员尽可能全面地发展、保持和施展自己能力的那种分配方式'。"③生产决定分配,有什么样的生产就有什么样的分配。生产的秩序和规则决定着分配的秩序和规则,分配制度决定于生产制度, 如我国生产资料公有制为主体的多种所有制共同发展的所有制的制度决定了按劳分配和按生产要素分配相结合的分配制度。并且分配

---

① 《胡锦涛文选》(第二卷),人民出版社,2016年,第377、643页。

② 《中国共产党第十七届中央委员会第五次全体会议公报》,人民出版社,2010年10月,第8页。

③ 习近平:《不断开拓当代中国马克思主义政治经济学新境界》,2020年8月15日,人民网:习近平系列重要讲话数据库。

的成果一定是当时社会生产的结果，我们不可能在封建社会的秩序下，分配手机、笔记本电脑，穿戴式耳机等现代的电子产品。我们也不可能有超过国民财富的财富数量供国民分配。分配的种类、数量、质量等要受到生产的制约。

分配也反作用于生产。因为分配之后是消费。生产资料的分配直接影响着相关部门的生产，在社会分工愈加精细化的今天，每个企业的生产都依赖于其他企业或个体给予的原料支持和销售支持。居民的收入直接影响到居民的消费水平，居民的消费水平直接影响到企业的商品能否实现"惊险的一跳"，即卖出去。一个收入差距太大的社会限制大部分居民的购买力，使商品出现销售的困难。售卖出现困难会影响到企业的正常运转，可能会引起企业生产的不顺畅，甚至中断。

2.继续坚持和实现两个同步的目标

习近平在党的十九大报告中指出："坚持在经济增长的同时实现居民收入同步增长、在劳动生产率提高的同时实现劳动报酬同步提高。"[1]同时他还提出了保障两个同步目标的具体举措。第一，政策支持。坚持就业优先战略和积极就业政策，实现更高质量和更充分就业。大规模开展职业技能培训，注重解决结构性就业矛盾，鼓励创业带动就业。提供全方位公共就业服务，促进高校毕业生等青年群体、农民工多渠道就业创业。第二，制度保障。坚持按劳分配原则，完善按要素分配的体制机制，促进收入分配更合理、更有序；完善政府、工会、企业共同参与的协商协调机制。破除妨碍劳动力、人才社会性流动的体制机制弊端，使得人人都有通过辛勤劳动实现自身发展的机会。

3.注重低收入者劳动报酬的提高

习近平高度重视贫困人群和贫困地区收入的提高。党的十八大以来，党

---

① 习近平：《决胜全面建成小康社会夺取新时代中国特色社会主义伟大胜利——在中国共产党第十九次全国代表大会上的报告》，2017 年 10 月 18 日，人民网：习近平系列重要讲话数据库。

中央对此作出一系列重大部署和安排。党的十九大对打好脱贫攻坚战作出总体部署,中央经济工作会议、中央农村工作会议和全国扶贫开发工作会议作出了具体安排。党的十九大报告指出:"坚决打赢脱贫攻坚战。让贫困人口和贫困地区同全国一道进入全面小康社会是我们党的庄严承诺。要动员全党全国全社会力量,坚持精准扶贫、精准脱贫,坚持中央统筹省负总责市县抓落实的工作机制,强化党政一把手负总责的责任制,坚持大扶贫格局,注重扶贫同扶志、扶智相结合,深入实施东西部扶贫协作,重点攻克深度贫困地区脱贫任务,确保到二○二○年我国现行标准下农村贫困人口实现脱贫,贫困县全部摘帽,解决区域性整体贫困,做到脱真贫、真脱贫。"①

我国在脱贫攻坚领域取得了举世瞩目的成就。贫困人口从 2012 年底的 9899 万人减到 2019 年年底的 551 万人,贫困发生率由 10.2% 降至 0.6%,连续 7 年每年减贫 1000 万人以上。贫困群众收入水平大幅度提高,2013 年至 2019 年,832 个贫困县农民人均可支配收入由 6079 元增加到 11567 元,年均增长 9.7%,比同期全国农民人均可支配收入增幅高 2.2 个百分点。②中国减贫方案和减贫成就得到国际社会普遍认可。联合国秘书长古特雷斯表示,精准扶贫方略是帮助贫困人口实现 2030 年可持续发展议程设定的宏伟目标的唯一途径,中国的经验可以为其他发展中国家提供有益借鉴。

4.从人类命运共同体的角度阐释

在劳动报酬问题上,习近平将视界扩大到全球,从人类命运共同体的高度阐释全球劳动报酬问题。2015 年 3 月 28 日,习近平在博鳌亚洲论坛 2015 年开幕式上发表主旨演讲,强调亚洲要迈向命运共同体、开创亚洲新未来,

---

① 习近平:《决胜全面建成小康社会夺取新时代中国特色社会主义伟大胜利——在中国共产党第十九次全国代表大会上的报告》,2020 年 10 月 18 日,人民网:习近平系列重要讲话数据库。

② 参见习近平:《在决战决胜脱贫攻坚座谈会上的讲话》,2020 年 3 月 6 日,人民网:习近平系列重要讲话数据库。

必须在世界前进的步伐中前进、在世界发展的潮流中发展。他指出:"人类只有一个地球,各国共处一个世界。世界好,亚洲才能好;亚洲好,世界才能好。面对风云变幻的国际和地区形势,我们要把握世界大势,跟上时代潮流,共同营造对亚洲、对世界都更为有利的地区秩序,通过迈向亚洲命运共同体,推动建设人类命运共同体。"[①] 2018 年 11 月 17 日,习近平在亚太经合组织工商领导人峰会上的主旨演讲中指出:"世界上所有国家都享有平等的发展权利,任何人都无权也不能阻挡发展中国家人民对美好生活的追求。我们应该致力于加强发展合作,帮助发展中国家摆脱贫困,让所有国家的人民都过上好日子。这才是最大的公平,也是国际社会的道义责任。"[②]

习近平新时代中国特色社会主义思想是马克思主义中国化的最新成果,是当代中国的马克思主义,他坚持了"两个同步"的基本思想,又在实践基础上创新了中国特色马克思主义劳动份额理论。他突出了对贫困人口的关注,将收入分配的视域拓展到全球,从人类命运共同体的角度进行了新的阐述。

通过以上分析,可以看出,马克思主义劳动份额理论体现了两个结合:一是生产力和生产关系的结合。马克思一方面从生产力的角度研究了劳动报酬,认为劳动报酬在资本主义条件下由市场决定,受供求因素的影响;另一方面马克思更注重从生产关系的角度研究劳动报酬和劳动份额,他认为市场和供求关系只能决定"自然价格"的位置而不能决定"自然价格"本身,"自然价格"本身是由生产条件决定的,在资本主义制度下,是由资本主义的雇佣劳动制度决定的。从生产力和生产关系相结合的角度研究劳动报酬、劳动份额,着重从生产关系角度研究劳动报酬、劳动份额是马克思主义劳动份

---

① 习近平:《迈向命运共同体 开创亚洲新未来》,2015 年 3 月 28 日,人民网:习近平系列重要讲话数据库。

② 习近平:《同舟共济创造美好未来——在亚太经合组织工商领导人峰会上的主旨演讲》,2018 年 11 月 17 日,人民网:习近平系列重要讲话数据库。

额理论的一大特色。二是物质利益与革命精神的结合。一方面马克思主义认为，对于劳动者的劳动，应该在物质上给予激励，无论是列宁还是毛泽东、邓小平、江泽民都一致认同这一基本思想；另一方面物质并不是劳动报酬的唯一方式，也可以采取精神上的奖励。列宁曾经高度赞赏星期六义务劳动，其实质上是从精神层面给予"报酬"。在承认物质报酬为主的基础上，注重物质报酬与革命精神的结合也是马克思主义劳动报酬、劳动份额理论的一个特色。

中国特色社会主义劳动份额理论坚持了马克思主义基本原则，体现了两个结合，尤其是体现了马克思主义劳动份额理论的"制度"特色。江泽民多次强调，要通过制度调整，打破平均主义；应改革财政和税收体制；应建立工资正常增长的机制等。2010年胡锦涛在全国劳动模范和先进工作者表彰大会上提出，建立健全劳动关系协调机制，完善劳动保护机制，让广大劳动群众实现体面劳动。

中国特色社会主义劳动份额理论既坚持了马克思主义基本原则，又结合中国的收入分配实践，不断丰富和发展了马克思主义劳动份额理论，体现了具有中国特色的两个结合：其一，国家、集体和个人利益的结合。毛泽东在社会主义建设的初期就强调要实现公私兼顾。邓小平在改革开放之后，坚持了这一基本思想，反对只顾个人利益或者单位利益，不顾国家利益的行为。江泽民强调，在收入分配向个人倾斜时，尊重个人利益的同时也要增加国家财力，保证国家的利益。胡锦涛根据劳动报酬下降的现实，多次提出要提高劳动报酬，保护劳动者的利益。其二，打破平均主义与限制收入差距的结合。一方面，要打破平均主义，实现多劳多得，刺激劳动者的积极性，创造更多的物质和精神财富，在经济发展中，提高劳动报酬的数量；另一方面，限制收入差距，实现共同富裕。邓小平多次指出，先富只是手段，共同富裕才是社会主义的目标。江泽民也指出要实现全体人民的富裕。胡锦涛提出要提高劳动报酬,不断提高最低工资标准,以限制收入差距。

习近平新时代中国特色社会思想是马克思主义中国化的最新成果,是当代中国的马克思主义,他坚持了"两个同步"的基本思想,又在实践基础上创新了中国特色马克思主义劳动份额理论。他突出对贫困人口的关注,将收入分配的视域拓展到全球,从人类命运共同体的角度论述就业和

第二节 西方经济学劳动份额理论

一、古典经济学劳动份额理论

(一)劳动报酬、利润、地租之间的对立

斯密认为,劳动的生产物构成劳动的自然报酬或自然工资。在土地尚未私有而资本累积的原始社会状态下,劳动的全部生产物属于劳动者,既无地主也无雇主来分享。但劳动者独享全部劳动生产物的这种原始状态,一旦有了土地私有和资本累积,就宣告终结了。土地一旦成为私有财物,地主就要求劳动者从土地生产出来的或采集到的几乎所有物品中都分给他一定份额。利润成为要从用在土地上的劳动生产物中扣除的第二个项目。[1]在做了这两项扣除之后,便是劳动报酬。在这里,斯密指出了利润、地租和劳动报酬三者之间的对立,即在劳动年产物既定的条件下,三者存在着此消彼长的关系。

---

[1] 参见[英]亚当·斯密:《国民财富的性质和原因的研究》,郭大力、王亚南译,商务印书馆,2009年,第58~60页。

　　李嘉图的论述更加清晰。他指出,土地产品——即将劳动、机器和资本联合运用在地面上所取得的一切产品——要在土地所有者、耕种所需的资本所有者以及进行耕种工作的劳动者这三个阶级之间进行分配。①"劳动价值上涨,利润就一定会下降。如果要在农场主和劳动者之间分配谷物,给予后者的比例愈大,留给前者的比例就愈小。同样,如果要在工人和雇主之间分配毛呢或棉织品,给予前者的比例愈大,留给后者的比例就愈小。"②"在每一种情形下,农产品价格上涨如果伴随出现工资上涨,农业利润和制造业利润就会降落。"③

　　在这里,古典经济学家承认在地租、利润和工资之间存在着相互对立的关系,而这种对立的关系是建立在资本主义私有制基础之上的,在土地尚未私有和资本尚未累积的条件下是不存在的。因此正如古典经济学收入分配理论是"建立在社会关系和相关社会的经济状况基础上的一般理论,不仅是形式的,而且是制度的"④一样,作为收入分配理论分支的劳动报酬理论体系体现了古典经济学收入分配理论的特点。从制度的角度论述劳动报酬、劳动份额,这是古典经济学劳动报酬理论的一个特色。

(二)劳动的自然价格和货币价格⑤

1.劳动的自然价格

　　斯密认为,劳动工资有一定的标准,在相当长的时间内,即使最低级劳动者的普通工资也不能减到这一标准之下,这一标准就是劳动者的生存工资。他提出,需要靠劳动过活的人,其工资至少必须能维持其生活。在多数场

---

① 　[英]彼罗·斯拉法编:《李嘉图著作和通信集》,郭大力、王亚南译,商务印书馆,2009年,第1页。

② 　同上,第28页。

③ 　同上,第94~95页。

④ 　[美]阿西马科普洛斯:《收入分配理论》,赖德胜等译,商务印书馆,1995年,第20页。

⑤ 　马克思区分了劳动和劳动力,此处的劳动价格是指劳动力的价格,劳动本身没有价格。

合下,工资还得稍稍超过维持生活的程度,否则劳动者就不能赡养家室而传宗接代了。在这里,斯密并没有区分劳动的自然价格和货币价格。

李嘉图坚持了斯密的生存工资理论,并且区分了劳动者的实物工资和货币工资。他提出,劳动的自然价格是让劳动者大体上能够生活下去并不增不减地延续其后裔所必需的价格。劳动者维持自身生活以及供养保持其人数不变的家庭的能力,不取决于他作为工资所能得到的货币量,而取决于用这一货币所能购得的食物与必需品量, 以及由于习惯而成为必不可缺的享用品量。因此劳动的自然价格便取决于劳动者维持自身与其家庭所需的实物、必需品和享用品的价格。食物和必需品涨价,劳动的自然价格就会上涨;这些东西跌价,劳动的自然价格也会跌落。

李嘉图认为,劳动的自然价格不是取决于劳动者得到的货币量,而是取决于食物与必需品量,这样就区分了货币工资和实物工资,也就是说劳动的自然价格由实物工资来决定。另外,李嘉图指出习惯对生存工资的影响,说明生存工资不仅是经济的产物,也是非经济的产物,受到习惯等非经济因素的影响。

2.劳动的货币价格

斯密认为,劳动的货币价格受两种情况的支配:一是对劳动的需求;二是生活必需品及便利品的价格。李嘉图进一步指出,除了货币价值的变动以外,工资似乎是由于以下两种原因而涨落:一是劳动者的供给与需求;二是用劳动工资购买的各种商品的价格。古典经济学家初步认识到工资的货币价格是由市场供求关系决定的。

李嘉图还提出,工资像所有其他契约一样,应当由市场上公平而自由竞争决定,而绝不应当用立法机关的干涉加以统制。他认为:"如果根据法律,每一个缺少生活维持费的人都保证能获得这种救济, 并且其程度足以使生活过得相当舒适,那么理论就会使我们预计到,早晚有一天所有其他税款加起来都没有济贫税这一项重。济贫法的趋势是使富强变得贫弱,使劳动操作除开提供最低的生活资料以外不做其他任何事情,使一切智力上的差别混淆不清,使人们的精神不断忙于满足肉体的需要,直到最后使一切阶级染上普遍贫困的瘟疫为止。这种趋势比引力定律的作用还要肯定。"①

斯密还从劳资谈判的角度论述了工资。他认为,劳动者的普通工资,到处都取决于劳资双方所订的契约。劳动者盼望多得一些,雇主盼望少给一些。劳动者会为提高工资而结合,雇主会为减低工资而联合。但在一般争议情况下,雇主处于有利的地位。一是雇主更容易联合。"雇主的人数较少,团结交易。加之,他们的联合为法律所公认,至少不受法律禁止。但劳动者的联合却为法律所禁止。"二是在争议当中,雇主总是比劳动者较能持久。"地主、农业家、制造商或商人,纵使不雇佣一个劳动者,亦往往能靠经蓄得的资本维持一两年生活;失业劳动者,能支付一星期生活的已不多见,能支持一月的更少,能支持一年的简直没有。就长时期说,雇主需要劳动者的程度,也许和劳动者需要雇主的程度相同,但雇主的需要没有劳动者那样迫切。"②

(三)劳动报酬的差异

斯密认为劳动报酬存在着差异,使劳动者报酬存在着不均等,劳动报酬的差异源于职业性质和政府两个方面。

1.源于职业本身性质的差异

斯密首先论述了起因于市场的差异,他总结了五个方面的内容:第一,劳动工资因业务的难易、污洁、尊卑而不相同;第二,劳动工资因业务学习的

① [英]彼罗·斯拉法编:《李嘉图著作和通信集》,郭大力、王亚南译,商务印书馆,2009年,第45页。

② [英]亚当·斯密:《国民财富的性质和原因的研究》,郭大力、王亚南译,商务印书馆,2009年,第60~61页。

难易、学费的多寡而不同;第三,各种职业的劳动工资因业务安定程度而不相同;第四,劳动的工资因劳动者负担的责任的大小而不同;第五,各种职业的劳动工资,随取得资格难易而不同。

萨伊也认为因职业本身的原因,劳动者报酬会存在差异。他提出:"从不同生产部门的劳动力的利润的比较,我们可以看到,这些利润的大小和以下成比例:第一,工作的危险、困难或疲劳的程度,愉快或不愉快的程度;第二,工作的定期性或不定期性;第三,所需要的技巧或才干的程度。"[1]

2.源于政府政策的差异

斯密认为,政府政策通过影响市场竞争使劳动报酬出现差异。如限制某些职业中的人数,使其少于愿意加入这些的人数,从而减少竞争,增加劳动者工资。而不限制劳动和资本自由活动,使它们不能实现职业间的转移和地域间的转移,会降低劳动者工资。

3.人力资本投资对劳动份额的影响

萨伊认为,教育是资本,它应当产生和劳动一般报酬没有关系的收益,应该得到更高的劳动报酬。当任何职业所需要的技巧,都需要通过更长的时间和更高的代价的训练才能得到的时候,这种训练每年必须被支付一定的费用,而这些费用的总和构成累积资本。这样它的报酬,不但包括劳动的工资,而且包括在训练时所垫付的资本的收益。这个利息率高于通常利息率,因为这样垫付的资本无法收回,而且如果一个人死亡,资本就不存在了。因此所有需要长时期教育和才能的工作即需要高等普通教育的工作,比不需要这么多教育的工作有更高的报酬。

---

① [美]萨伊:《政治经济学概论:财富的生产、分配和消费》,陈福生、陈振骅译,商务印书馆,1997年,第366页。

(四)劳动报酬与经济发展

古典经济学家们认为,随着经济的发展,劳动报酬会提高,特别是在经济发展的过程中。斯密认为:"使劳动工资提高的,不是庞大的现有国民财富,而是不断增加的国民财富。因此最高的劳动工资不在最富的国家出现,而却在最繁荣,即最快变得富裕的国家里出现。"①李嘉图也认为,工资虽然具有符合自然率的倾向,但在状况日趋改良的社会里,市场工资率却可能无限期地持续高于自然率。因为当一笔新增加的资本对劳动新需求的推动力刚刚发生作用以后,另一批新增加的资本又会产生同样的效果。所以如果资本的增加是逐渐而继续不断的,那么劳动的需求就会连续不断地刺激人口增加。

通过以上分析,古典经济学对劳动报酬的基本观点如下:古典经济学家是在既定的资本主义制度下分析劳动报酬的;从长期来看,劳动报酬等于劳动者的生存工资;短期内劳动报酬受到市场供求状况的影响;劳动报酬随着经济发展而提高;由于职业性质不同,劳动报酬存在一定的差距。

古典经济学家并没有分析劳动份额,然而通过其劳动报酬理论,我们可以进一步演绎出古典劳动份额理论。根据古典劳动报酬理论,从长期来说,劳动报酬是个既定的量,那么资本所得是剩余。随着经济的发展和技术的进步,劳动者生产的财富会增加,而劳动者只能获得一个既定的量——生存工资,所以资本所得只资本份额会上升,而劳动份额会下降。从短期来说,劳动报酬会偏离劳动的自然工资,市场供求的变化,二者议价地位的变化会使劳动报酬发生波动,在总价值既定条件下,资本所得也会因此而变化,由此决定了劳动份额会因市场和其他制度性因素发生波动。

---

① [英]亚当·斯密:《国民财富的性质和原因的研究》,郭大力、王亚南译,商务印书馆,2002年,第63~64页。

古典经济学对劳动报酬的分析隐含了市场完全竞争、完全信息、劳动供给完全弹性、资本利用不足等的假设。这些假设使古典经济学的劳动报酬理论和由此演绎的劳动份额理论被用于分析现实世界时遇到挑战。然而古典经济学的劳动报酬和劳动份额理论却提供了一个最基本的分析框架，尤其是其制度学传统，从生产力和生产关系相结合的角度分析劳动报酬和劳动份额，具有很强的方法论意义。

二、新古典经济学劳动份额理论

（一）新古典经济学对劳动报酬的分析

伴随着 19 世纪 70 年代的边际革命，新古典经济思想已明显偏离了社会各阶级的收入份额，而转向根据它们在边际产量上对产量的边际贡献来解释对某一特定种类生产要素的支付报酬。克拉克总量上对各种投入的功能性分配进行了考察，按照劳动的生产贡献论证了劳动报酬的正确性。

克拉克首先分析了在静态社会下劳动报酬的规律。在他认为，要理解动态社会，首先要了解静态社会的规律。在静态社会(没有技术、资源和增长的变化)下，劳动者的劳动报酬是由劳动的边际生产力决定的，在竞争充分、资本和劳动可以无阻力移动的前提下，边际工人所得的收入就是他们所生产的产品，这个原则树立了静态社会工资的自然标准。并且在竞争规律作用下，所用的劳动趋向于边际生产力一致，而且劳动和资本的边际生产力也趋于一致。

这样，在古典经济学家那里的剩余没有了，劳动者得到了其全部劳动报酬，由于劳动、资本都由共同的原则——生产力原则决定，剥削也就不存在了。另外，在克拉克那里，由于竞争规律，劳动和资本趋于边际生产力一致，劳动份额和资本份额会趋于一致并且稳定。

克拉克还分析了在动态社会下的工资标准。他认为在动态社会下,工资仍然受着最后生产力原则支配,但是工资标准会提高。他提出:"一个向前发展的社会,由着逐渐上升的工资标准,实际工资总是倾向于这些标准。"[①]工资标准之所以会提高,是因为随着经济的发展,资本变得充裕,工人的边际生产力会增强,因此工资标准会不断提高。

(二)新古典经济学的劳动份额理论

新古典经济学是在市场完全竞争、规模报酬不变、不存在技术进步等假设下分析劳动份额的。设某经济体 i 拥有 K_i 单位资本和 L_i 单位劳动,生产函数为 $Y_i=F(K_i,L_i)$,在新古典假设条件下,劳动份额 SL_i 与资本产出比 k_i 之间存在密切关系。规模报酬不变的生产函数可表示为:

$$Y_i=K_i \cdot F(l_i) \tag{1}$$

l_i 表示劳动与资本的比例。将(1)式变形,可知资本产出比 k_i,同劳动与资本比例 l_i 一一对应:

$$k_i=K_i / Y_i=1/f(l_i)k_i \tag{2}$$

根据反函数的定义,再将(2)式变形:

$$l_i=\varphi(k_i)=f^{-1}(1/k_i) \tag{3}$$

经过推导,劳动份额与资本份额之间存在如下的函数关系:

$$S_{li}=g(k_i)=k_i \cdot \varphi(k_i) \cdot (\varphi(k_i)) \tag{4}$$

Bentolina 和 Saint-Paul[②]用图把这一关系进行了刻画,并将其称为 SK 线。

---

① [美]克拉克:《财富的分配》,陈福生、陈振骅译,商务印书馆,2009 年,第 50 页。

② See Samuel Bentolila and Gilles Saint-Paul, *Explaining Movements in the Labor Share Contributions to Macroeconomics*, Berkeley Electronic Press, 2003, p.1103.

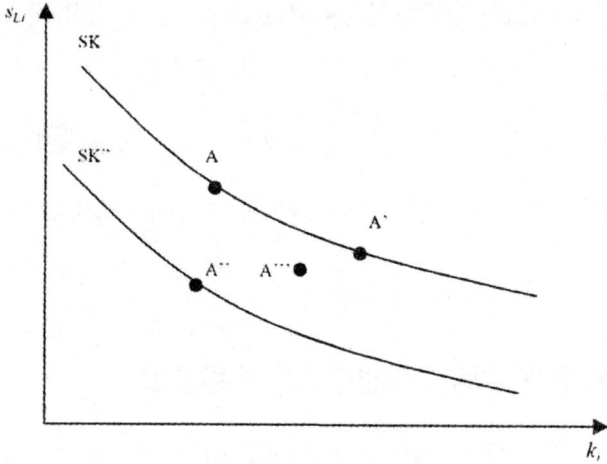

图1 劳动份额与资本份额之间的关系:SK 线

20世纪20年代,由保罗·H.道格拉斯和他的合作者数学家 C.W.科布从劳动、资本以及美国联邦和马萨诸塞州制造业产出这三者之间的序列中得出科布-道格拉斯函数,也叫作 CD 函数。它是一个齐次性生产函数:$Y_i = bK_iaL_i(1-a)$,Y、L、K 分别代表齐次的产出、劳动和资本,a 和 b 分别代表统计常数。这个函数提供了一个令人惊讶的符合资料的最小平方拟合。如果假定投入的报酬比率等于它们的边际产出或偏导数,那么指数就等于劳动和资本收入份额的便利特征。

对于 CD 函数 $Y_i = bK_iaL_i(1-a)$,劳动份额取决于下面的式子:

$$SL_i = 1-a \qquad\qquad (5)$$

(5)式的含义是:劳动份额是一个常数,而且不受劳动和资本变动的影响。

CD 函数的一个显著特征是替代弹性是唯一的,因此相对投入与相对价格按照同一比例变化,这意味着劳动和资本的相对收入份额报酬不变。通过运用克拉克的边际生产力理论和尤勒的定理,解释 CD 函数的近似拟合是很方便的。

要素生产弹性是不变的指数即 a 和 1-a,被限定为同质。按照克拉克的理论，生产要素的报酬等于它的边际产量，a 和 1-a 就分别代表劳动和资本的份额。a 即劳动(L)数量的指数是生产弹性或者是与劳动相对增长有关的产出的相对增长：$a=\frac{\partial Y}{Y}/\frac{\partial L}{L}=\frac{\partial Y}{\partial L}\cdot\frac{L}{Y}$。如果实际工资 W 等于劳动边际产量 $\partial Y/\partial L$，那么以 W 代表 $\partial Y/\partial L$，a=(W·L/Y)，是产品的劳动份额。1-a 是资本的劳动份额。

三、新古典经济学劳动份额理论的丰富和发展

（一）替代弹性与劳动份额

CD 函数指数只是替代弹性的一种特殊形式，在 J.R.希克斯和琼·罗宾逊引入了替代弹性概念之后，几乎所有对劳动份额的新古典理论都利用了替代弹性，$\sigma=d(b/a)/b/a\div d(P_a/P_b)/P_a/P_b$，即投入数量(a 和 b)比率的相对变化与它们的价格比率的相对变化之比。在引用了替代弹性之后，常替代性函数(CES) $Y_i=A\left[a\cdot K_i^{(\sigma-1)/\sigma}+(1-a)\cdot L_i^{(\sigma-1)/\sigma}\right]^{\sigma/(\sigma-1)}$ 就更多地被应用在研究中，此时劳动份额由下面的式子决定：

$$Sl_i=1-a\cdot k_i^{\frac{\sigma-1}{\sigma}} \tag{6}$$

(6)式的含义是：劳动份额取决于资本产出比，劳动和资本的替代关系决定了资本产出比提高时劳动份额的变化方向。如果实际工资率相对于利息率而上升了，并且这些变化伴随着资本对劳动的预期增长，那么它们对于相对收入份额的影响取决于 σ 是大于 1、等于 1，还是小于 1。如果数量比率和价格比率的相对变化正好相互抵消，那么相对份额就会保持不变。如果比率(实际工资/实际利息率)的相对上升，大于伴随着的资本/劳动比率的上升，那么替代弹性就会小于 1，劳动份额就会提高；反之，劳动份额将会下降。

(二)技术进步对劳动份额的影响

替代弹性不变形总量生产函数被用于估计一个在劳动份额变动情况下一个更好的统计拟合的不变替代弹性。随着技术变革的迅速发展，在静态生产函数范围内分析劳动份额已变得越来越难，当产出的增长很可能导致技术发生有倾向性的变革时，所列的对劳动份额的可能影响显然要增加。

偏向型技术进步有两种常见的类型。Acemoglu 认为，所谓劳动增强型(labor-augmenting)技术进步是指技术进步引起等产量曲线沿着平行于劳动轴的方向往外移动；而资本增强型(capital-augmenting)技术进步是指技术进步引起等产量曲线沿着平行于资本轴的方向往外移动。带有劳动增强型技术进步的生产函数 $Yi=F(K_i, N_iL_i)$，其劳动份额与资本份额之间的关系仍然由(4)式决定。这意味着，劳动增强型技术进步，不影响劳动份额与资本份额之间的函数关系。而对于带有资本增强型技术进步的生产函数 $Yi=F(M_iK_i, L_i)$，其劳动份额与资本份额之间的关系取决于下面的式子：

$$S_{li}=g(M_ik_i)=M_ik_i \cdot \varphi(M_ik_i) \cdot f'(\varphi(M_ik_i)) \qquad (7)$$

(7)式的含义是：资本增强型技术进步使 SK 线发生了位移。对于 CD 函数 $Y_i=bK_iaL_i(1-a)$，劳动份额仍然由(5)式决定；对于 CES 函数 $Y_i=A[a \cdot K_i^{(\sigma-1)/\sigma}+(1-a) \cdot L_i^{(\sigma-1)/\sigma}]^{\sigma/(\sigma-1)}$，劳动份额为：

$$Sli=1-a \cdot (M_ik_i)^{(\sigma-1)/\sigma}=1-a \cdot M_i^{(\sigma-1)/\sigma} \cdot K_i^{(\sigma-1)/\sigma} \qquad (8)$$

(8)式的含义是：劳动份额取决于资本产出比(k_i)，也与资本增强型技术进步(M_i)有关。替代弹性决定了资本产出比对于劳动份额影响的不同方向，但影响的大小与资本增强型技术进步有关。若劳动与资本之间是替代关系，资本增强型技术进步将使劳动份额下降；反之则使劳动份额上升。

经典研究一般都隐含了技术进步是劳动增强型的假设。但是这一框架与劳动份额变化现实并不一致。Acemoglu 认为，在均衡增长路径上出现的总是劳动增强型技术进步,劳动份额稳定;而在转型路径上会发生资本增强型技术进步,此时要素收入份额将发生变化。[1]偏向型技术进步对于劳动份额的变化有一定的解释力,但偏向型技术进步本身不能完全解释劳动份额的动态变化过程;技术进步本身可能是内生的,找到偏向型技术进步发生的原因会更有意义。因此,人们从市场结构的角度作了进一步的分析。

(三)市场竞争性对劳动份额的影响

1.产品市场

如果产品市场是不完全竞争的,产品价格(Pi)与边际成本并不相等(MCi)。假设:

$$P_i = u \cdot MC_i \tag{9}$$

(9)式即所谓的"成本加成定价",u 表示"加成"份额(markup)。如果厂商将工资视为给定的,可以得到相应的劳动份额的决定方程:

$$S_{li} = u^{-1} \cdot g(k_i) \tag{10}$$

(10)式的含义是:在产品市场并非完全竞争的情况下,如果厂商视工资为给定,劳动份额与资本份额之间的关系受加成份额的影响,偏离了由(4)式所决定的 SK 线。(10)式还表明,如果"加成"份额顺周期(pro-cyclical),劳动份额将表现出逆周期(counter-cyclical)的特征,这一点对于考察劳动份额的周期性具有启发性。但是从产品市场不完全竞争的角度,解释欧洲大陆国家劳动份额的变化却存在困难。一体化进程使得欧盟产品市场的竞争程度提高,劳动份额却出现了下滑的情况。这意味着除了产品市场之外,劳动力市场的状况可能也是解读这一现象的重要线索。

2.劳动力市场

从劳动力市场考察劳动份额的变化,有三方面的内容值得关注:一是劳

---

[1] See Acemoglu, D., *Labor and Capital Augmenting Technical Change*, NBER Working Paper, No. 7544, 2000.

动力市场供求关系的变化;二是工会力量强弱与工资合同的形成模式;三是劳动力调整成本的大小。

(1)劳动力市场供求关系的变化。Acemoglu 认为,劳动力市场冲击对于劳动份额的短期和长期影响有所不同。劳动力市场的负向冲击,在短期会引起劳动力供给减少,工资上升,资本回报下降,劳动份额提高;但在长期,资本积累将放缓,资本增强型技术进步发生,劳动力需求减少,资本回报上升,收入分配向资本倾斜,劳动份额回落。

(2)工会力量强弱和工资合同形式。工资合同有多种形式,对劳动份额的影响也各不相同。以有效讨价还价模型为例:厂商和工会针对工资和雇用人数进行谈判, 并将雇用人数确定在劳动力边际产出与保留工资相等的水平;而名义工资是劳动力的平均产出和保留工资的加权平均,权重则取决于工人的谈判力量,据此可得劳动份额的决定方程:

$$S_{li}=\theta+(1-\theta)\cdot g(k_i) \tag{11}$$

(11)式的含义是:工会力量的引入,导致劳动份额与资本份额之间的关系偏离了(4)式所决定的 SK 线。随着谈判力量的增长, SK 线向上移动;反之向下移动。

(3)劳动力调整成本。除了工资成本之外,厂商面临的劳动力成本还包括非工资成本。[①]后者即所谓的劳动力调整成本,包括对新雇用人员的培训费用、解雇支付以及可能的诉讼和仲裁费用等。在计算要素收入占比时,这些费用应计入劳动收入的范畴。劳动力调整成本对于劳动收入占比的波动也有影响。如果生产函数是 CD 型,劳动力调整成本是产量的线性函数,劳动份额对外部冲击的反应程度将取决于劳动力调整成本的大小, 而与冲击的规模无关。

---

① See Acemoglu, D., Patterns of Skill Premia, *Review of Economic Studies*, 2003, 70(2).

(四)产业结构对劳动份额的影响

Kongsamut 等指出:产业结构在不断变化,劳动份额在产业间存在很大差异。他们从产品边际替代率的角度,诠释了产业结构和劳动份额的变化。他们的模型表明,随着经济的发展,农业、工业以及服务业的就业和劳动份额分别呈现出减少、不变和增加的态势。[①]Acemoglu 和 Guerrieri 从要素密集度和资本深化的角度,分析了总量水平劳动份额的稳定性与非平衡增长共存的问题。资本深化促使资本密集部门较快增长,其产品价格不断下跌,资本和劳动向劳动密集型部门转移,导致资本密集型部门的萎缩和劳动密集型部门的扩张。整个社会的劳动收入占比不断提高,直至收敛至稳态的水平,但这一过程十分漫长。[②]Zuleta、Zuleta 和 Young 从诱致创新和内生增长的角度,考察了总量劳动份额稳定背后的部门因素。一方面,贸易品生产的资本产出弹性随着资本积累不断提高,直至生产函数演变成 AK 型;另一方面,服务部门只使用劳动力,该部门的需求随着经济的发展而增长,劳动力不断转移进来。前一部门的劳动收入份额为 0,它的生产没有极限但价格日益下降;后一部门的劳动收入份额为 1,它的生产受制于劳动力供给因而价格不断上升。均衡时,整个社会的劳动收入占比收敛至一稳态值。[③]

(五)经济全球化对劳动份额的影响

前面的分析均是封闭的,没有分析经济全球化因素对劳动份额的影响。

---

①　See Kongsamut,S.,Reble,S. and Xie,D.,Beyond B alanced Growth,*Review of Economic Studies*,2001,68(4).

②　See Acemoglu,D. and Guerrier,i V.,*Capital Deepen ing and Non-balanced Economic Growth*,NBER Working Paper,No. 12475,2006.

③　See Zuleta,H. and Young,A. T.,*Labor's Shares-Aggregate and Industry:Accounting for Both in a Model of Unbalanced Growth with Induced Innovation*,Working Paper,2007,Universidad Rosario and University of Mississippi.

伴随着经济全球化的进程，经济全球化对劳动份额的影响也引起了学者的关注。经济全球化对劳动份额的影响主要通过对外贸易和外商直接投资两种形式来作用。

1.对外贸易对劳动份额的影响

根据 Hecksher-Ohlin 模型,国际贸易的开展将使国际间的要素收益率逐渐趋同。假设企业的生产只涉及资本和劳动力两种要素,资本充足的发达国家出口资本密集型产品,进口劳动密集型产品,而劳动力充足的发展中国家则出口劳动密集型产品,进口资本密集型产品。发达国家由于出口资本密集型产品,其资本的需求会增加,而对劳动的需求减少,劳动份额下降;发展中国家由于出口劳动密集型产品,因而会增加对劳动的需求,使劳动份额上升。

2.外商直接投资(FDI)对劳动份额的影响

Decreuse 和 Maarek 研究了外商直接投资对东道国劳动份额的影响。他们认为,理论上 FDI 影响东道国劳动收入份额的机制有两种:一种是工资竞争机制。外商直接投资企业向员工提供的工资水平远远高于东道国本土企业。外商直接投资企业实施的高工资策略将在东道国劳动力市场产生竞争氛围,导致东道国劳动力市场整体工资水平的提升,从而提升劳动份额。另一种机制是技术领先机制。外商直接投资企业一般具有比东道国更先进的技术和更高的生产率,外商直接投资企业获得了更高的资本收入。因此外商直接投资企业的技术领先机制将导致东道国劳动收入份额的降低。

(六)其他因素

除了以上各种因素,有学者还分析了其他因素对劳动份额的影响,主要有:政府干预、人力资本投资和对劳动者的保护程度。

1.政府干预

凯恩斯经济学为政府干预提供了理论上的支持,二战之后,无论在发达国家还是在发展中国家,政府干预无论在规模上还是在程度上都有所加深。政府对劳动份额的影响主要体现在两个方面:一是作为法律的执行者和政策的制定者。这一层面上政府是公共利益的代表,政府干预会提高劳动份额。二是作为初次分配的参与者,政府所得、资本所得和劳动所得存在着此消彼长的关系。政府干预的加强会降低劳动份额。

2.人力资本投资

人力资本投资对劳动份额的影响有两种:一是受教育程度越高,劳动力的边际产出越大,劳动报酬越多,并且劳动者受教育程度提高会增加劳动者的议价能力,因此会提高劳动份额。二是受教育水平提高,资本产出会增加,资本所得也会增加,同时引起对劳动者需求的下降,从而降低劳动份额。具体的影响要看两种相反作用的大小。Diwan 认为,人力资本投资对不同国家的劳动份额有不同的影响。对于富裕国家,人力资本投资越多,劳动份额越高;而对于贫穷国家,人力资本投资越多,劳动份额越小。

3.对劳动者的保护程度

对劳动者的保护有两种渠道,其一是法律法规对劳动者的保护,如提高最低工资水平。提高最低工资水平会提高劳动报酬,相应地提高劳动份额;但也可能引起就业水平的降低。其二是通过劳动者的联合。如工会力量强化可以提高劳动者的议价能力,以此提高劳动份额。Guscina 用工人参加工会的比例以及哑变量衡量对劳动力的保护强度,并指出 20 世纪 80 年代中期以后,工业化国家工会力量弱化和就业保护强度下降是劳动份额下降的原因之一。

总之,西方经济学的劳动份额理论,可以简单地划分为两个阶段:古典经济学的劳动份额理论和新古典经济学的劳动份额理论。二者之间存在着一定的差别:第一,研究角度不同。古典经济学的劳动份额理论既从生产力的角度研究劳动份额,也从生产关系的角度研究劳动份额。而新古典经济学主要侧重于从生产力入手研究劳动份额。第二,研究方法不同。古典经济学的劳动份额理论主要侧重于理论分析,在古典经济学家那里几乎没有劳动份额这一具体的概念;而新古典经济学的劳动份额理论既有理论分析也有经验分析,尤其注重经验分析,大量的数学工具、模型和计算机软件被运用于劳动份额的研究,理论研究为经验分析提供了工具,而经验分析也为理论的发展提供了原料。

古典经济学的劳动份额理论与马克思主义劳动份额理论在从生产力和生产关系相结合的角度研究劳动份额上有相通之处。然而古典经济学是在既定的资本主义制度下所作的分析,而马克思主义劳动份额理论超出了这一界定,这样使马克思主义劳动份额理论有更高的立意和更加丰富的内容。马克思主义劳动份额理论与新古典经济学的劳动份额相比有很大的不同,前者注重生产力和生产关系的结合,着重从生产关系角度进行分析;而后者更加注重从生产力的角度进行分析。相比马克思主义劳动份额理论,新古典经济学在生产力方面对劳动份额的分析更加具体,内容更加丰富,使用的工具也更加多元化。因此从生产力角度分析劳动份额是西方经济学特别是新古典经济学的特色,从生产关系角度分析劳动份额是马克思主义经济学的特色。中国劳动份额的分析应从生产力和生产关系相结合的角度入手。

第三节　我国劳动份额的理论分析

一、国内其他学者对我国劳动份额的理论分析

（一）二元新古典经济模型

姜磊根据刘易斯的二元经济模型，建立了一个劳动份额影响因素的分析框架。[①]该分析框架描述了农业剩余劳动力转移与二元经济的发展过程。

随着资本存量的增加和农业剩余劳动力的转移，劳动份额可以表述为：

$$Ls = \frac{\int_0^n s(i)di}{\int_0^n d(i)di} = \int_0^n \frac{s(i)}{d(i)}di = \int_0^n \frac{s(i)}{MPd(i)}di \tag{1}$$

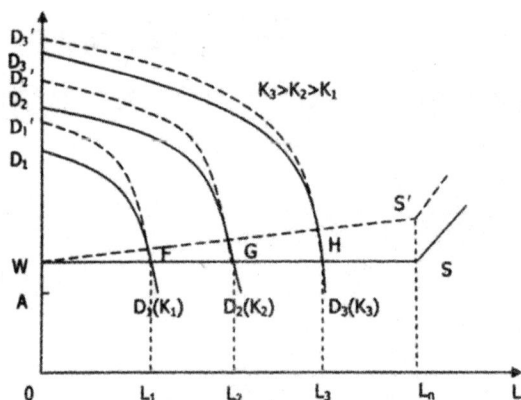

图2　农业剩余劳动力转移与二元经济的发展过程

---

① 参见姜磊：《我国劳动分配比例的变动趋势与影响因素——基于中国省级面板数据的分析》，《当代经济科学》，2008年第4期。

从图 2 可以看出,劳动份额取决于劳动力需求曲线和供给曲线的位置和形状。劳动力需求曲线由劳动的边际生产曲线代表。在假定产品价格不变的前提下,劳动的边际生产曲线主要由劳均资本存量、劳动者受教育水平和全要素生产率决定。劳动边际生产曲线的提高将使劳动需求曲线与 y 轴的交点上移(见图 2 中的 D1′、D2′ 和 D3′,劳动需求曲线相应地变为虚线 D1′F、D2′G 和 D3′H),这有助于资本份额的提高,劳动份额则会下降。现实中的二元经济工资水平不是不变的,劳动供给曲线也不是水平的,而是一条具有正斜率的直线或曲线,见图 2 中的虚线 WS′,其形状和位置取决于现代部门的就业压力和工会议价能力,就业压力的减小和工会议价能力的提高,将会使劳动供给曲线的斜率变大,这有助于劳动份额的提高。在农业剩余劳动力被吸收完之后,所有部门的就业都由统一的工资水平决定,经济发展进入了新古典经济学的世界。现代部门的劳动供给曲线斜率变得更大,要素分配比例更有利于劳动者,劳动份额会提高。

根据上述分析,二元经济中的劳动报酬比例取决于劳均资本存量、劳动者受教育水平、全要素生产率、就业压力和工会的议价能力。

(二)摩擦工资理论

李稻葵等参照刘易斯的二元经济理论,提出一个二元经济中劳动力转移的摩擦理论。该理论提出,在经济发展过程中,劳动力不断从农业部门向工业部门转移,农村剩余劳动力产生的"摩擦工资"带来了劳动份额的 U 型变化。其中,"摩擦工资"指在劳动力转移过程中,由于剩余劳动力的存在,使得企业能够压低工人工资,进而使工业部门的劳动所得低于劳动边际生产率。[1]

由于我国农村存在大量劳动力,使得劳动力市场供大于求,工业部门的

---

[1]　参见李稻葵、刘霖林、王红领:《GDP 中劳动份额演变的 U 型规律》,《经济研究》,2009 年第 1 期。

工资水平长期处于较低状态。而当剩余劳动力逐步减少,工业部门出现类似"民工荒"的时候,工资水平会逐步上升。由于工业部门的劳动生产率高于农业部门,所以劳动力的转移使得整体经济水平不断上升,在这个转移过程中的初次分配中,劳动份额体现出一种 U 型演变规律。

他们通过对世界各国的实证研究发现,经济发展和产业升级与劳动份额之间呈现 U 型关系,在经济较为落后的经济体,劳动份额较高;在工业化的过程中劳动份额降低;而伴随着工业化的逐步完成,劳动份额又逐步升高。当前,中国的劳动份额和经济发展与产业升级的程度是一致的。从长期来看,中国遵从了其他经济体的普遍发展规律。中国目前仍处于 U 型发展的左半边,劳动份额随着工业化和城市化的进程逐步下降,而未来几年内随着经济的发展和劳动力的转移,特别是当人均 GDP 达到 6000 美元之后,我国的劳动份额也会在到达拐点之后逐步回升。

(三)劳动报酬变化因素分解

常兴华、李伟[①]认为产业结构的升级和转变一般要经历两个阶段,由第一产业向第二产业转移是第一阶段,由第二产业向第三产业转变是第二阶段。在产业结构转变的过程中,必然伴随劳动力的重新配置,使就业结构发生改变,从而影响劳动份额,这种效应称为结构效应。另外,伴随着劳动生产率的提高,资本有机构成的变化也会影响劳动份额,这种效应称为分配性效应。这两种效应相互作用和影响,由此导致劳动份额的变化,这种变化称为综合性效应。三种效应共同引起劳动份额的变化。

他们根据 1993—2003 年的数据对三种效应进行了分解。劳动份额变化的分解公式为:$\triangle \bar{L} = \Sigma \triangle L_{ij} \times a_{ij} + \Sigma L_{ij} \times \triangle a_{ij} + \Sigma \triangle L_{ij} \times \triangle a_{ij}$

---

① 参见常兴华、李伟:《我国国民收入分配机制研究》,载全国人大财经委专题调研组,《国民收入分配若干问题研究》,中国财政经济出版社,2010 年,第 78 页。

其中,$\triangle \overline{L}$ 为劳动份额变化量,$\Sigma \triangle L_{ij} \times a_{ij}$ 为分配性效应,$\Sigma \triangle L_{ij} \times \triangle a_{ij}$ 为结构性效应,$\Sigma \triangle L_{ij} \times a_{ij}$ 为综合性效应。

表1 劳动份额变化的分解

区间	劳动份额变化	结构效应	分配效应	综合效应
1993—1994	0.673	−0.019	0.696	−0.003
1994—1995	1.009	0.014	0.981	0.015
1995—1996	−0.131	−0.037	−0.093	−0.001
1996—1997	−0.244	−0.605	0.356	0.005
1997—1998	−0.060	−0.291	0.238	−0.007
1998—1999	−0.765	−0.504	−0.265	0.005
1999—2000	−1.196	−0.560	−0.648	0.012
2000—2001	−0.469	−0.296	−0.178	0.004
2001—2002	−0.346	−0.216	−0.141	0.012
2002—2003	−1.504	−0.431	−1.071	−0.002
2003—2004	−4.229	0.227	−4.545	0.089
1993—1995	1.683	−0.005	1.676	0.011
1995—2003	−4.714	−2.941	−1.802	0.029
1993—2003	−3.031	−2.946	−0.125	0.040

资料来源:常兴华、李伟:《我国国民收入分配机制研究》,载全国人大财经委专题调研组:《国民收入分配若干问题研究》,中国财政经济出版社,2010。

二、我国劳动份额决定因素体系

(一)决定因素的平衡

马克思主义经济学侧重于从生产关系的角度分析劳动份额,认为生产关系即制度,尤其是所有制制度是劳动份额的决定性因素。古典经济学在既定的资本主义制度下,也侧重于对劳动者生产条件的分析。新古典经济学则侧重于从生产力入手分析劳动份额,在新古典经济学框架下,劳动报酬只是要素价格的一部分,完全由市场来决定;新古典经济学的进一步丰富发展考虑到了市场竞争性、技术进步、产业结构变化、经济全球化、政府干预对劳动份额的影响，但没有突破生产力分析的框架。国内学者主要借鉴了西方主流经济的研究成果，同时考虑到了我国特殊的二元经济结构对劳动份额的影响，但也没有突破西方主流经济学生产力分析的框架。

笔者认为劳动份额约束应体现两个结合：其一是生产力与生产关系相结合。生产力的分析无论多么丰富和全面，主要还是在现象层面上考察，只有结合生产关系，才能在更深的本质层次上考察，寻找劳动份额背后的约束力量。其二是共性与特性相结合。改革开放后，我国逐步确立了社会主义市场经济体制，也大规模地卷入了经济全球化的进程，因此西方主流经济学所提出的各因素也会在我国发生作用，这一点体现了我国与西方经济体的共性。

但是我国与西方经济体相比，有自己的特征。第一，经济的转型。包括从计划经济体制到市场经济体制的转型，从二元经济结构到一元经济结构的转型，从第一产业向第二、三产业的转型等，转型是我国改革开放后社会发展的关键特征。第二，特殊的经济制度。包括实行公有制为主体、多种所有制经济共同发展的基本经济制度，以按劳分配为主体、多种分配方式并存的收入分配制度等等，这些基本制度使我国市场经济体现了与西方经济体不同的特征，也使劳动份额的变化体现出不同的态势和规律。因此，应从生产力与生产关系相结合的角度和我国与西方经济体的共性与个性相结合的角度研究我国的劳动份额，劳动份额的变化体现了多种因素的平衡。也就是说，在我国存在一个独特的劳动份额制约因素体系。这个因素体系既包括在西方经济体发生作用的因素，也与我国独特的制度有关。

(二)与西方经济体一致的影响因素

1.新古典条件下劳动份额的决定因素

在市场完全竞争条件下，劳动报酬是由劳动力市场的供给和需求共同决定的,劳动力市场的供给和需求是劳动份额的基本决定因素。劳动力需求主要是由资本积累来决定,资本积累一方面会刺激投资,形成对劳动力的需求;另一方面会使人均资本增加,在劳动与资本的不可替代性下,使劳动的边际价格上升,从而增加劳动报酬,提高劳动份额。但是资本积累的增加,也可能提高资方的议价能力,抑制劳动份额的增长。从劳动供给来说,主要由劳动者的受教育水平、工会的议价能力及就业压力来决定。劳动者受教育水平提高,一方面会增加劳动的边际产品,提高劳动者的议价能力;另一方面也会提高资本产出比,如果资方在议价中处于优势地位,可能会使劳动份额不增而降。就业压力和劳动份额成反方向的变化,劳动者就业压力增加,劳动份额会上升;反之亦然。工会的议价能力增强可以提高就业水平,提高劳动报酬,因此工会的议价能力与劳动份额呈同一方向变化。

通过以上分析可以看出,在新古典条件下,劳动份额比例取决于劳均资本存量、劳动者受教育水平、全要素生产率、就业压力和工会的议价能力。以上分析隐含了市场完全竞争、规模报酬不变、技术水平不变等前提。而现实的世界并不是一个完全竞争的世界,垄断、技术进步及产业结构的变化会影响劳动份额,使劳动份额呈现与新古典世界不同的演变趋势。

2.市场竞争性、技术进步、产业结构对我国劳动份额的影响

(1)市场竞争性对劳动份额的影响。市场垄断可以分为产品市场垄断和劳动力市场垄断。从产品市场来讲,垄断会扭曲要素市场,使要素价格发生变化,垄断者可以获得垄断利润,垄断利润会在劳方和资方之间分割。垄断利润在劳方与资方分隔的比例取决于二者的议价能力。劳动力市场的垄断,会提高资本雇佣劳动的菜单成本,从而提高劳动份额。而劳动力市场的分割,会增加劳动力转移的成本,降低劳动者的议价能力,从而降低劳动份额。

(2)技术进步对我国劳动份额的影响。技术进步分为三类,即劳动节约型技术进步、资本节约型技术进步和中型技术进步。劳动节约型技术进步将

会节约劳动的使用,加剧劳动者的竞争,使劳动者处于不利的地位,因此会降低劳动份额。资本节约型技术进步可以节约资本的使用,使劳动需求增加,从而提高劳动份额。中型技术进步对劳动份额的影响理论上来说是中性的,可是在我国现实劳动谈判力较弱的情况下,也会降低劳动份额。另外,技术进步对劳动份额的影响方向也受到资本和劳动的替代弹性影响。如果资本与劳动之间存在较强的替代关系,将会降低资本节约型技术进步对劳动份额的正向影响;相反会提高劳动份额。

(3)产业结构变化对劳动份额的影响。在我国,第一产业即农业的劳动生产率最低,而劳动份额却最高。第二产业的现代化会出现机器替代人的现象,从而减少对劳动者的需求,降低劳动份额。因此在产业结构从第一产业向第二产业转变的阶段,劳动份额会下降。而由于第三产业主要是服务部门,需要大量的劳动力,机械化也受到很大限制,因此第三产业一般劳动份额较高。在产业结构从第二产业到第三产业转变的阶段,劳动份额会上升。

3.经济全球化对我国劳动份额的影响

我国自改革开放之后开始卷入全球化进程,特别是 2001 年加入世界贸易组织(WTO)后,经济全球化对我国经济产生了深刻影响,也影响着决定劳动份额的各个因素,使劳动份额的位置发生变化,甚至偏离封闭条件下劳动份额变化的轨道。

我国参与经济全球化过程主要有三种形式:对外贸易、外商直接投资和对外经济合作。由于对外经济合作规模较小,可以不用考虑其对劳动份额的影响。所以经济全球化对劳动份额的影响主要通过对外贸易和外商直接投资这两种形式。

(1)对外贸易对我国劳动份额的影响。对外贸易对我国劳动份额的影响将产生两个不同的方向。一方面,根据 Hecksher-Ohlin 模型,国际贸易的开展将使国际间的要素收益率逐渐趋同。假设企业的生产只涉及资本和劳动力两种要素,资本充足的发达国家出口资本密集型产品,进口劳动密集型产品;而劳动力充足的发展中国家则出口劳动密集型产品,进口资本密集型产品。我国是劳动力相对充足的国家,应该主要进口资本密集型产品,出口劳动密集型产品,可以增加对劳动的需求,提高我国劳动份额。但是在我国进出口结构上,进口资本密集型产品和出口劳动密集型产品倾向并不明显。1993—2009 年,我国进口资本密集型产品的比例略过半数;而从出口来看,1993—2009 年我国出口劳动密集产品的比例逐渐下降,从 2001 年开始不足半数,到 2003 年出口资本密集型产品的比例大于劳动密集型产品的比例。这样,对外贸易可能相对增加对资本的需求而减少对劳动的需求,使劳动份额不上而降。

另一方面,根据企业异质性的贸易理论,从事国际贸易的企业往往是规模大、生产率水平高的企业。我国对外贸易迅速扩张,将会使高生产率企业迅速增多,从而提高全要素生产率,导致劳动份额下降。基于以上分析,进出口贸易可能会降低我国劳动份额。

(2)外商直接投资(FDI)及我国对外投资对我国劳动份额的影响。Decreuse 和 Maarek 研究了外商直接投资对东道国劳动份额的影响。他们认为,理论上 FDI 影响东道国劳动份额收入的机制有两种:一种是工资竞争机制。[1]外商直接投资企业向员工提供的工资水平远远高于东道国本土企业。外商直接投资企业实施的高工资策略将在东道国劳动力市场产生竞争氛围,导致东道国劳动力市场整体工资水平提升,从而提升劳动份额。另一种机制是技术领先机制。外商直接投资企业一般具有比东道国更先进的技术和更高的生产率,外商直接投资企业获得更高的资本收入。因此外商直接投资企业的技术领先机制将导致东道国劳动收入份额的降低。

---

[1] See Bruno Decreuse,Paul Maarek,Foreign Direct Investment and The labor Share in Developing Countries,*Working Paper*,University of Aix-Marseilles,2008,p.10.

我国存在着二元经济结构,长期存在着过剩的劳动力。尽管中国的人口红利即将消失,但就过去的一二十年而言,中国劳动力市场的一个显著特征还是劳动力供给相对充裕。这样会严重削弱工资竞争机制的提高效应,加上技术领先机制的缩减效应,外商直接投资将会降低劳动份额。

4.政府干预对我国劳动份额的影响

我国建立的是中国特色社会主义市场经济体制,政府干预经济的程度比西方发达资本主义国家更深;加上我国长期计划经济体制的惯性,政府对经济的影响力很大。1992年,我国支出占GDP的比例为13.9%,到2009年达到22.2%,这说明我国政府干预经济的程度在加深。

政府对劳动份额的影响表现为不同的方向。一方面,政府是公共利益的代表,是社会发展目标和政策的执行者。从这一角度讲,政府会追求收入公平等公共目标,政府支出主要用于对普通劳动者的补偿。如我国的农业补贴、社会保险、社会福利的支出等,因此政府支出的增加会提高劳动份额。这一结论在国外文献中也得到了经验支持。Diwan的研究显示,财政支出的扩大有利于落后国家劳动收入的增加,这主要源于经济贫困国家的财政支出主要用于补偿劳动者的收入。Hrrison的研究也认为,财政支出有利于提高劳动份额。

另一方面,政府也是理性经济人,有自己特定的利益和目标。公共选择学派认为,政府会追求预算最大化的目标。在我国则表现为追求政府收入的增加,以获得政绩或者经济利益。

政府收入的增加有三种基本途径:其一是"分切苹果"。在既定的GDP下,增加政府所得,挤压劳动所得和资本所得,由于我国劳动者在市场中的弱势地位,其结果是挤压劳动所得,降低劳动份额。李稻葵认为,近年来由于政府税收的增长速度明显高于GDP增速,从而挤压了劳动者收入在GDP中的比重。[①]

其二是"培植果树"。提高经济增长速度以增加 GDP 总量,从而获得更多的政府收入。这种途径虽然会促进当地经济发展,使劳动者获得益处,但是也会使政府片面追求 GDP 增长,在政府政策上形成重资偏劳,在经济发展目标上忽略其他公共发展目标,忽视劳动者利益,造成劳动份额下降。陆铭认为在分权体制下,地方政府拥有制定本地发展政策的权力,地方官员的考核又是基于 GDP 的增长和招商引资,于是造成各地政府都过于偏重经济增长而忽视收入均等的目标和公共服务的提供。[②]

其三是"砍伐果树"。也有少数地方政府极度挤压资本所得和劳动所得,使经济发展难以继续。因此,政府收入的增加会降低劳动份额。政府收入和政府支出像是一个硬币的两面,政府收入是政府支出的前提,二者是同向的关系;然而二者对于劳动份额的影响却表现出两个不同的方向,至于政府对劳动份额的影响要看两种相反力量的大小,需要经验的验证。

(三)特殊经济制度对我国劳动份额的影响

1.所有制结构

改革开放之前,在所有制结构上,我国实行单一的公有制。在单一的公有制条件下,劳动者既是生产资料的使用者,又是生产资料的雇佣者,生产资料和劳动者是结合在一起的,在根本利益上,也不存在劳方与资方利益的对立。但是由于实行单一制,国家作为公共利益的代表,成为资方的代理人。劳方与资方的利益就转化为国家利益与个人利益。由于政府掌握了公共权力,并且在根本上代表着公共利益,劳动报酬基本上是由政府来决定,劳动份额也就成为政府政策的产物。新中国成立初期,鉴于国家发展的需要,我

---

① 参见李稻葵、刘霖林、王红领:《GDP 中劳动份额演变的 U 型规律》,《经济研究》,2009 年第 1 期。

② 参见陆铭:《劳动收入占比下降:为什么? 怎么办? 》,《上海证券报》,2008 年 9 月 9 日。

国实行高积累的政策,在个人利益与国家利益上,表现为利益向国家利益倾斜,劳动份额被压制在较低的水平。因此在单一的公有制制度下,劳动份额是政府政策的产物,随政府政策的变化而波动。

改革开放之后,我国打破了单一的公有制,逐步建立起公有制为主体、多种所有制经济成分共同发展的经济制度。具体来说,在以下三个方面实现了突破:第一,在所有制结构上,在公有制为前提的条件下,允许个体经济、私营经济和"三资"经济的存在和发展,并且给予"三资经济"以优惠政策。第二,在国家所有制的具体实现形式上,同时采用不同的具体形式。既采用高度集权的国家所有制形式,也采用将所有权与经营权相分离的国家所有制,还采用股份制等。第三,在公有制程度上,允许全民国营、地方国营和集体所有制同时并存,并允许公有制与其他所有制合作公营;对农村的集体所有制采取更加灵活的经营方式。

所有制结构改变使资方主体多元化。第一,中央政府和地方政府。由于实行全民公营,中央政府仍然是国有资产的代理人;地方国营使地方政府也成为公有资产的代理人。第二,个体劳动者和民营业主。伴随着个体经济的发展,个体劳动者作为自我雇佣者,其收入既有来自劳动的部分,也有来自资本的部分,所以他们既是资方主体也是劳方主体。私营企业的发展使私营业主成为资方的一个主要主体。第三,外商。伴随着我国改革开放的进程,"三资"企业成为一种重要的经济形式,作为外资的所有者——外商也成为资方的一个主体。因此,所有制结构的变化使我国资方主体出现了以政府为主体的多元化态势,而劳方主体依然是劳动者。资方主体的变化使劳动报酬不仅仅与政府政策相关,也受到其他资方主体的影响。因此在公有制为主体,多种所有制并存的制度下,劳动份额不再只是政府政策的产物,而是政府政策和市场经济共同作用的结果。

2.分配制度

按照马克思主义分配理论,分配首先是生产条件的分配,即生产资料所有制结构决定着分配结构制度。伴随着所有制结构的变化,我国的分配制度也从单一的按劳分配,逐步建立起按劳分配为主体,按劳分配和按生产要素分配相结合的分配制度。劳动报酬、劳动份额的决定因素机制也发生了变化。

在单一的按劳分配制度下,分配的结果是政府政策的产物,劳动报酬和劳动份额的变化反映了政府政策的变化。而在按劳分配为主体,按劳分配和按生产要素分配相结合的分配制度下,劳动报酬发生了变化。在公有制内部,劳动者基本报酬还是由政府统一规定;但伴随着国家产权制度改革,企业有了独立的经营权,劳动报酬也与企业效益相联系,受到企业发展、经济效益等因素的影响。因此即使在公有制企业内部,劳动报酬也是由政府、企业和市场共同决定的。在非公有制企业,除劳动之外,资本、技术、管理等生产要素都参与分配,劳动作为生产要素,劳动报酬由劳动力再生产规律、劳动力供求规律和劳动力竞争规律等市场规律来决定。技术、管理等作为复杂劳动也受到共同规律的影响。

统计意义上的劳动报酬,不仅有公有制内部按劳分配的劳动报酬,也包括非公有制企业。按照劳动力价值的分配,技术、管理等作为复杂劳动的报酬,劳动报酬呈现多元化。劳动份额由单一的政府政策的产物转变为政府政策和市场机制共同作用的结果,并且伴随着非公有制企业的发展,市场机制对劳动份额的决定性作用越来越大。然而由于按劳分配是我国主体的分配模式,我国劳动份额受政府政策的影响远大于西方经济体。

3.资源配置制度

我国在改革开放之前实行高度集中的计划管理体制,同时由于实行重工业优先发展,由此形成了向城市倾斜的分配政策,也形成了体制内人员与体制外人员。体制内人员,工资、福利等由国家规定,享受相对高的工资福利待遇。当然,体制内人员享受到的工资福利也有所不同,干部优于工人,工人优于城镇居民,虽然新中国成立之后确立了按劳分配的原则,但实质上实行的是按身份分配,其劳动报酬主要由身份来决定,与劳动贡献不大。体制外人员主要是农民,其劳动报酬也是由国家或者集体来规定,事实上实行的是平均主义的分配模式。因此在计划经济体制下,劳动报酬和劳动份额并不直接反映劳动贡献,主要是政府政策的产物。

改革开放之后,我国逐步确立起社会主义市场经济的资源配置方式,劳动报酬主要由劳动力市场来决定。但是由于计划体制还没有彻底瓦解,市场体制还没有完全建立,因此出现了两种体制并存的现象。劳动力市场也相应地表现为体制内劳动力市场和体制外劳动力市场的二元结构。体制内劳动力市场中的劳动力资源配置、劳动力价格与就业结构等有关的事宜,在相当程度上是由制度性规则调控的。国家发挥着资源配置的主导作用,市场力量发挥的作用相当有限。就业岗位的安排,优先考虑体制内劳动力市场的劳动者,甚至只向体制内劳动力市场的劳动者开放。体制内劳动力市场的工资结构基本上还是根据计划经济体制内部的需要决定,与外部劳动力市场供求没有多大关系。

体制外劳动力市场劳动报酬主要由劳动力供求关系来决定。当前,我国劳动力市场供求结构,总体上说,是劳动力的供给大于劳动力的需求。因而在体制外劳动力市场中,尽管劳动力供给方对劳动力市场价格可以发挥一定的影响作用,但就其影响程度而言,远远不及劳动力需求方,也不及制度性因素的制约力。体制外劳动力市场属于需求主导型市场,即劳动力的需求方起主导作用,劳动力供给方往往处于弱势地位,劳动力价格被压得很低,因而劳动份额长期偏低,尤其在实行市场化改革之后,劳动份额更是持续下降。

体制内劳动市场和体制外劳动市场并不是完全分割的,在体制内劳动市场不足的时候,也吸收体制外人员,但是岗位以基层岗位和临时雇佣为主,并存在着体制内外人员"同工不同酬"的现象。体制外劳动市场也会吸引体制内劳动市场中的高技术层次人才,或者以兼职形式,或者完全摆脱体制内劳动市场。这样,体制内劳动报酬的制定也会考虑市场标准,同时政府也会对体制外劳动市场进行基本的规制。

总之,在计划经济体制下,劳动报酬、劳动份额主要由政府政策决定;而在计划经济体制向市场经济体制转轨过程中,劳动力市场被分割为体制内市场和体制外市场,体制内市场仍然主要由政府政策决定;体制外市场主要受到市场机制的作用。但是体制内市场也受到市场的影响,体制外市场也受到政府政策的影响,只是其决定作用的因素不同。

4.二元经济体制

新中国成立后,由于历史起点、国际环境、国内市场、发展理论和苏联经验等多重影响和约束,中央政府选择了以"赶超"为特征的重工业优先发展战略。在资源配置方式上,采取了高度集中的计划经济体制,这种体制消除了要素的自由流动,实现了对全社会资源的集中控制,也割裂了城乡之间正常的经济交换关系。与发展战略和经济体制模式相一致,国家相继出台了以户籍制度为核心的城乡二元社会制度安排。1957 年 12 月,国务院发布《关于各单位从农村中招用临时工的暂行规定》,明确规定城市"各单位一律不得私自从农村中招工和私自录用盲目流入城市的农民。农业社和农村中的机关、团体也不得私自介绍农民到城市和工矿区找工作"。1958 年出台的《中华人民共和国户口登记条例》规定:"公民由农村迁往城市,必须持有城市劳动部门的录用证明,学校的录取证明,或者城市户口登记机关的准予迁入的证明,向常住地户口登记机关申请办理迁出手续。"①这标志着中国以严格限制农村人口向城市流动为核心的户口迁移制度形成。以户籍制度为基础,城市

---

① 肖冬连:《中国二元社会结构形成的历史考察》,《中共党史研究》,2005 年第 1 期。

粮油供应制度和社会福利制度也消除了农民进城的可能性。通过一系列城乡分割的制度安排,我国形成了稳固的城乡二元经济结构。

改革开放以来,随着市场化改革深入推进,各级政府在户籍管理政策操作层面也慢慢有所松动。1984年10月,国务院发布《关于农民进入集镇落户问题的通知》,规定凡在集镇务工、经商、办服务业的农民和家属,在集镇有固定住所、有经营能力,或在乡镇企事业单位长期务工,准许落常住户口,但口粮自理,这可以看作户籍制度坚冰首现裂缝。1997年6月,国务院批转公安部《关于小城镇户籍管理制度改革的试点方案》,允许已在小城镇就业、居住,并符合一定条件的农村人口,在小城镇办理城镇常住户口。2007年,公安部宣布,中国将大力推进以建立城乡统一的户口登记制度为重点的户籍管理制度改革,逐步取消农业户口、非农业户口的二元户口性质,实现公民身份平等。

然而由于长期实行城乡二元经济结构,我国农村剩余劳动力在向城市转移的过程中,受到了人为的制度性限制。加上新中国成立初期我国重工业优先发展的战略,重工业吸纳劳动力有限,使农村存在着大量的过剩人口。随着户籍制度的改革,农业过剩人口源源不断地流入城市,使劳动力呈现无限供给的状态,也就是说劳动力供给曲线成水平的状态。由此带来经济发展,劳动者收入相对稳定,而资本收益上升,劳动份额下降。①同时,城乡二元的结构也分割了劳动力市场,增加了劳动力流动的成本,不利于劳动报酬和劳动份额的提高。

以上各项制度并不是独立发挥作用的,所有制结构决定了分配制度,而

---

① 参见李稻葵、刘霖林、王红领:《GDP中劳动份额演变的U型规律》,《经济研究》,2009年第1期;姜磊:《我国劳动分配比例的变动趋势与影响因素——基于中国省级面板数据的分析》,《当代经济科学》,2008年第4期;张全红:《我国劳动收入份额影响因素及变化原因——基于省际面板数据的检验》,《财经科学》,2010年第6期。

市场经济体制改革也伴随着二元经济结构的逐渐解体，工资集体协商制度也体现了如工会对劳动者保护的乏力等计划经济独特的遗产。我国社会的转型是单一的公有制向公有制为主体转变，单一的按劳分配制度向按劳分配为主体、按劳分配和按生产要素分配相结合的分配制度转变；计划经济体制向市场经济体制转变；二元经济结构向一元经济结构转变的共同过程，相应的我国工资集体协商制度也体现了各种基本制度转变的特点，使其显示出与西方经济体不同的特征。制度尤其是制度的转型对于我国劳动报酬、劳动份额的演变趋势起到更加重要的作用，甚至在某个时期起着决定性作用。

总之，我国劳动份额制约因素体系既包括在西方经济体一致的基本因素，如劳均资本存量、劳动者教育水平、全要素生产率、就业压力和工会的议价能力、市场竞争性、产业结构变化、技术进步、经济全球化、政府干预等。也由于我国特殊的经济制度，使我国劳动份额制约因素体系体现了中国特色，相应的我国劳动份额演变趋势也表现出不同的特征。

小　结

本章首先归纳和分析马克思主义劳动份额理论，认为马克思主义劳动份额理论体现了两个结合：一是生产力和生产关系的结合；二是物质利益与革命精神的结合。中国特色社会主义劳动份额理论体现了具有中国特色的两个结合：一是国家、集体和个人利益的结合；二是打破平均主义与限制收入差距的结合。

其次，比较分析了古典经济学的劳动份额理论和新古典经济学的劳动份额理论。古典经济学的劳动份额理论和新古典经济学的劳动份额理论之间存在着一定的差别：第一，研究角度的不同。古典经济学的劳动份额理论既从生产力的角度研究劳动份额,也从生产关系的角度研究劳动份额。而新古典经济学主要侧重于从生产力入手研究劳动份额。第二,研究方法的不同。古典经济学的劳动份额理论主要侧重于理论分析;而新古典经济学的劳动份额理论既有理论分析也有经验分析,尤其注重经验分析,大量的数学工具、模型和计算机软件被运用于劳动份额的研究。

在分析西方经济学劳动份额理论基础上,比较分析了古典经济学的劳动份额理论与马克思主义劳动份额理论,以及马克思主义劳动份额理论与新古典经济学的劳动份额理论。古典经济学的劳动份额理论与马克思主义劳动份额理论在从生产力和生产关系相结合的角度研究劳动份额上有相通之处。然而古典经济学是在既定的资本主义制度下所做的分析,而马克思主义劳动份额理论超出了这一界定,这样使马克思主义劳动份额理论有更高的立意和更加丰富的内容。

马克思主义劳动份额理论与新古典经济学的劳动份额理论相比有很大的不同,前者注重生产力和生产关系的结合,着重从生产关系角度分析;而后者更加注重从生产力的角度去分析。相比马克思主义劳动份额理论,新古典经济学在生产力方面对劳动份额分析更加具体,内容更加丰富,使用的工具更加多元化。因此从生产力角度分析劳动份额是西方经济学特别是新古典经济学的特色,从生产关系角度分析劳动份额是马克思主义经济学的特色。中国劳动份额的分析应从生产力和生产关系结合的角度入手。

最后,在国内其他学科框架的基础上,提出了我国劳动份额决定因素体系。我国劳动份额决定因素体系既包括了在西方经济体一致的基本因素,如劳均资本存量、劳动者教育水平、全要素生产率、就业压力和工会的议价能力、市场竞争性、产业结构变化、技术进步、经济全球化、政府干预等。也由于我国特殊的经济制度,使我国劳动份额制约因素体系体现了中国特色,相应的我国劳动份额演变趋势也表现出不同的特征。

第二章 我国劳动份额演变的历史趋势

第一节 我国劳动份额的估算

一、估算方法和数据来源的说明

我国劳动份额的估算方法主要有两种:其一是收入法,其二是生产函数法。收入法也称分配法,是从生产过程创造收入的角度,根据生产要素在生产过程中应得的收入份额以及因从事生产活动向政府支付的份额的角度来反映最终成果的一种计算方法。按照收入法,国内生产总值(GDP)由全国各行业汇总的劳动者报酬(COMP)、固定资产折旧(DEP)、营业盈余(NTP)和生产税净额(NOS)四部分组成,也就是:

$$GDP=COMP+DEP+NTP+NOS \tag{2.1}$$

那么劳动份额(LS)的计算公式为： LS=COMP/GDP　　　　　　(2.2)

或者： LS=COMP/(COMP+DEP+NTP+NOS)　　　　　(2.3)

其中，劳动者报酬是雇员对企业提供劳动获得的工资和各种形式的报酬;固定资本折旧是生产中使用的房屋和设备在核算期内磨损的转移价值;营业盈余是企业从事经营活动所获得的利润;生产税净额是企业向政府支付的利润前的税金减去政府对企业由于政策性的原因造成的亏损而给予的补贴。

按照国家统计局的解释，劳动者报酬是指劳动者因从事生产活动所获得的全部报酬,包括劳动者获得的各种形式的工资、奖金和津贴,既包括货币形式的,也包括实物形式的,还包括劳动者所享受的公费医疗和医药卫生费、上下班交通补贴、单位支付的社会保险费、住房公积金等;对于个体经济来说,其所有者所获得的劳动报酬和经营利润不易区分,这两部分统一作为劳动者报酬处理。

《中国国内生产总值核算资料:1978—1995》《中国国内生产总值核算资料:1996—2002》《中国国内生产总值核算资料:1978—2004》以及历年《中国统计年鉴》详细提供了 1978、1985、1990—2007、2009 年份地区(省份)的收入法 GDP。可以利用地区(省份)的收入法 GDP 加总分别计算劳动报酬总额,根据式(2)计算得出 1978、1985、1990—2007、2009 年的劳动份额。

还可以利用以上资料,分别计算计算 1978、1985、1990—2007、2009 年东、中、西部区域劳动份额,以考察劳动份额演变的区域趋势。其中,东部地区包括北京市、天津市、河北省、辽宁省、上海市、江苏省、浙江省、福建省、山东省、广东省、海南省 11 个省、市;中部地区包括山西省、内蒙古自治区、吉林省、黑龙江省、安徽省、江西省、河南省、湖北省、湖南省、广西壮族自治区 10 个省、自治区;西部地区包括四川省、贵州省、云南省、陕西省、甘肃省、宁夏回族自治区、青海省、新疆维吾尔自治区 8 个省、自治区(重庆市合并到四川省一起计算）。

　　三本核算资料还提供了各省 1978、1985、1990—2004 年劳动报酬、固定资产折旧、营业盈余和生产税净额分产业数据，可以计算 1978、1985、1990—2004 各产业劳动份额的变化。2005 和 2007 年数据源于投入产出表。我国国家统计局相继成功编制了 1987、1990、1992、1995、1997、2000、2002、2005 和 2007 年的价值型投入产出表，反映了国民经济各部门之间的投入和产出关系，是一定时期国民经济系统实际运行情况的缩影。投入产出表逢二、七年份编制。投入产出表将全部生产活动分为农林牧渔业、工业、建筑业、交通运输仓储和邮政业、批发和零售业以及其他部门进行增加值的核算。因此利用投入产出表可以计算分行业劳动份额。但是投入产出表只有 9 个年份的数据可以获得，而且投入产出表还存在数据滞后性问题，因此只用此表计算了 2005 和 2007 年分产业劳动份额。通过三本核算资料和 2005 和 2007 年投入产出表，可以计算得出 1978、1985、1990—2005、2007 年各产业劳动份额。

　　改革开放之前的全国劳动份额，由于缺乏统计资料，无法通过省际 GDP 加总方法计算。郝枫利用职工平均工资数据推算劳动力平均劳动报酬，计算了 1952—1977 年我国劳动份额。[①]其主要步骤包括：①利用劳动统计数据，计算职工占劳动力比重；②利用国民核算和劳动统计数据，计算 1978—2005 年间中国平均劳动报酬；③利用 1978—2005 年间职工平均工资数据和劳动力平均劳动报酬数据之间的关系，推算该时期的非职工平均"工资"；④计算 1978—2005 年非职工与职工平均工资比率；⑤采用线性函数拟合方法，将非职工与职工平均工资比率向 1952 和 1977 年外推；⑥利用该比率以及职工工资官方数据，推算 1952 和 1977 年非职工平均工资；⑦利用职工和非职工

---

　　① 参见郝枫：《中国要素价格决定机制研究——国际经验与历史证据》，天津财经大学博士论文，2008 年。

占劳动力比重的权数,对职工平均工资和非职工平均工资加权求和,推算1952和1977年平均劳动报酬数据;⑧利用平均劳动报酬数据和劳动力数据,计算1952—1977年劳动报酬;⑨利用市场价格GDP数据和NTP信息,计算要素价格GDP;⑩最终用劳动者报酬除以要素价格GDP,得到1952—1977年劳动份额数据。

利用地区(省份)收入法GDP加总计算劳动报酬比重,具有时间连续且跨度长等优点。但是我国采取分级核算体制,地区GDP核算易受地方影响,可能出现地方GDP加总高出全国核算数据的情况,从而影响省份加总法测度全国劳动报酬比重的准确度。因此经济学家转而探索利用生产函数模型来估计资本和劳动力的份额,用估计的产出弹性替代要素分配份额具有一定合理性。[①]

章上峰、许冰[②]结合Ahmad的研究方法,将产出弹性看作时间t的非参数光滑函数 $\alpha(t)$,构造时变弹性生产函数模型:

$$\ln y_t = \sum_{i=1}^{m} \beta_i X_i + a(t)\ln k_t + \varepsilon_t \qquad t=1,2,\cdots,T \qquad (2.4)$$

其中,常系数分量用于刻画确定性影响因素对实际产出增长的影响,变系数分量用于描述产出弹性系数随时间的非线性变化。可见,时变弹性生产函数模型(3)仍服从Cobb-Douglas函数形式,且资本产出弹性在不同时期是时变的。时变弹性生产函数模型(3)本质上是一种半参数变系数模型,变系数模型的优点之一是避免"维数灾难",同时可以避免先验模型设定错误。但是变系数模型仍然基于严格的假定,如变系数部分关于回归变量仍是线性的,特别是在改革开放之后,我国从计划经济到市场经济过渡,与市场完全竞争

---

① 参见白重恩、钱震杰:《谁在挤占居民的收入——中国国民收入分配格局分析》,《中国社会科学》,2009年第5期。

② 参见章上峰、许冰:《初次分配中劳动报酬比重测算方法研究》,《统计研究》,2010年第8期。

的加速相去甚远,不能完全真实地反应我国劳动份额的影响。因此我们仍然采用收入法的计算结果分析我国劳动份额的演变趋势,将生产函数法计算的结果作为参照。

本书 1952—1977 年间的数据来源于郝枫的博士论文《中国要素价格决定机制研究——国际经验与历史证据》;1978—2009 年间的数据,生产函数法劳动份额源于章上峰、许冰《初次分配中劳动报酬比重测算方法研究》;收入法劳动份额、劳动报酬总量、区域劳动份额、产业劳动份额原始数据来源于《中国国内生产总值核算资料:1978—1995》《中国国内生产总值核算资:1996—2002》《中国国内生产总值核算资料:1978—2004》以及 2005—2010年的《中国统计年鉴》。

二、估算结果及参照数据

(一)1952—1977年我国劳动份额

表2.1　1952—1977 年我国劳动份额

年份	1952	1953	1954	1955	1956	1957	1958	1959	1960
劳动份额	0.466	0.51	0.596	0.549	0.64	0.72	0.52	0.511	0.527
年份	1961	1962	1963	1964	1965	1966	1967	1968	1969
劳动份额	0.582	0.682	0.67	0.573	0.474	0.42	0.481	0.515	0.477
年份	1970	1971	1972	1973	1974	1975	1976	1977	
劳动份额	0.369	0.332	0.374	0.35	0.361	0.34	0.37	0.363	

(二)1978—2009年我国劳动份额

表 2.2　不同方法计算的 1978—2009 年我国劳动份额

年份 \ 劳动份额	劳动份额		年份 \ 劳动份额	劳动份额	
	省际法	生产函数法		省际法	生产函数法
1978	0.5	0.4847	1999	0.4997	0.5271
1985	0.53	0.5132	2000	0.4871	0.5223
1990	0.53	0.5214	2001	0.4823	0.5163
1991	0.52	0.5232	2002	0.4775	0.5089
1992	0.5032	0.5256	2003	0.4616	0.5001
1993	0.4949	0.5283	2004	0.4155	0.4898
1994	0.5035	0.5309	2005	0.4144	0.4778
1995	0.5144	0.5327	2006	0.4061	0.4634
1996	0.5121	0.5334	2007	0.3974	0.4456
1997	0.5103	0.5327	2008	0.3875	0.4231
1998	0.5083	0.5306	2009	0.4061	

表 2.3　1978—2009 年我国劳动报酬总量变化趋势(单位:亿元)

年份	劳动报酬	年份	劳动报酬	年份	劳动报酬
1978	1708.41	1995	31502.74	2002	61288.27
1985	4520.89	1996	36962.70	2003	68378.96
1990	9785.02	1997	41521.73	2004	74040.33
1991	11000.67	1998	44689.85	2005	86822.21
1992	12941.80	1999	46964.48	2006	99387.71
1993	18069.06	2000	51043.05	2007	116307.90
1994	24339.85	2001	55683.71	2009	170299.71

（三）1978—2009年我国区域劳动份额

表2.4　1978、1991、2009年我国各省（直辖市）、自治区劳动份额

区域 / 年份	北京	天津	河北	山西	内蒙古	辽宁	古林
1978	0.2636	0.3182	0.5137	0.4873	0.5539	0.3307	0.5575
1991	0.3611	0.4396	0.5318	0.5197	0.5480	0.4078	0.5892
2009	0.4703	0.3459	0.4683	0.3949	0.4039	0.4488	0.4062
区域 / 年份	黑龙江	上海	江苏	浙江	安徽	福建	江西
1978	0.4573	0.2274	0.4691	0.5508	0.6259	0.6352	0.6593
1991	0.4657	0.3389	0.4565	0.5125	0.5715	0.6090	0.5791
2009	0.3848	0.3709	0.4046	0.3959	0.4704	0.4779	0.4264
区域 / 年份	山东	河南	湖北	湖南	广东	广西	四川
1978	0.4798	0.5610	0.5734	0.6200	0.5811	0.6116	0.5951
1991	0.5205	0.5801	0.5953	0.6071	0.5514	0.5866	0.5478
2009	0.3991	0.4509	0.4456	0.4834	0.4199	0.5297	0.4753
区域 / 年份	贵州	云南	陕西	甘肃	青海	宁夏	新疆
1978	0.5398	0.6246	0.5662	0.5483	0.6133	0.5246	0.5695
1991	0.5723	0.5156	0.6085	0.5322	0.5826	0.4930	0.5585
2009	0.4928	0.4712	0.4118	0.4533	0.4964	0.4922	0.4947

表2.5　1978—2009年我国区域劳动份额

地区 / 年份	东部	中部	西部	地区 / 年份	东部	中部	西部
1978	0.4227	0.5654	0.5820	1999	0.4655	0.5478	0.5431
1985	0.4746	0.5849	0.5786	2000	0.4544	0.5328	0.5327
1990	0.4875	0.5654	0.5636	2001	0.4480	0.5313	0.5302
1991	0.4833	0.5654	0.5528	2002	0.4591	0.5250	0.5206
1992	0.4671	0.5311	0.5540	2003	0.4591	0.4984	0.5081
1993	0.4591	0.5376	0.5437	2004	0.3954	0.4364	0.4659
1994	0.4641	0.5648	0.5336	2005	0.3965	0.4329	0.4543

地区／年份	东部	中部	西部	地区／年份	东部	中部	西部
1995	0.4712	0.5841	0.5435	2006	0.3904	0.4217	0.4445
1996	0.4662	0.5830	0.5474	2007	0.3811	0.4112	0.4416
1997	0.4661	0.5793	0.5446	2009	0.3965	0.4754	0.4924
1998	0.4714	0.5649	0.5414				

(四)1978—2007我国产业劳动份额

表2.6　1978—2007我国产业劳动份额

产业／年份	第一产业	第二产业	第三产业	产业／年份	第一产业	第二产业	第三产业
1978	0.8665	0.3042	0.4426	1999	0.8647	0.4188	0.4374
1985	0.8978	0.3402	0.4266	2000	0.8565	0.4061	0.439
1990	0.8606	0.4222	0.4401	2001	0.854	0.4029	0.4392
1993	0.8569	0.3936	0.4205	2002	0.8445	0.3991	0.4434
1994	0.8513	0.3961	0.4410	2003	0.8344	0.3875	0.4336
1995	0.8608	0.4152	0.4381	2004	0.9056	0.3325	0.3626
1996	0.8654	0.4139	0.4343	2005	0.9053	0.3203	0.4077
1997	0.8640	0.4203	0.4366	2007	0.9484	0.3419	0.3982
1998	0.8664	0.4243	0.4368				

表2.7　1978—2007我国各产业总值占GDP比重

产业／年份	第一产业	第二产业	第三产业	产业／年份	第一产业	第二产业	第三产业
1978	0.2818	0.4787	0.2393	1998	0.1755	0.4621	0.3623
1985	0.2844	0.4288	0.2867	1999	0.1647	0.4575	0.3767
1990	0.2711	0.4134	0.3155	2000	0.1506	0.4591	0.3902
1991	0.2452	0.4178	0.3368	2001	0.1439	0.4505	0.4045
1992	0.2178	0.4344	0.3475	2002	0.1374	0.4478	0.4146
1993	0.1970	0.4656	0.3372	2003	0.1279	0.459	0.4123

产业\年份	第一产业	第二产业	第三产业	产业\年份	第一产业	第二产业	第三产业
1994	0.1976	0.4656	0.3356	2004	0.1339	0.4622	0.4038
1995	0.1986	0.4717	0.3286	2005	0.1212	0.4736	0.4051
1996	0.1969	0.4753	0.3277	2007	0.1076	0.4733	0.4189
1997	0.1828	0.4753	0.3417				

第二节　我国劳动份额的演变趋势

一、我国劳动份额演变的时间趋势

(一)改革开放之前我国劳动份额的演变趋势

为了更加清楚地说明改革开放之前我国劳动份额的变化,可以根据表2.1绘制1952—1977年我国劳动份额变化趋势图(如图2.1)。

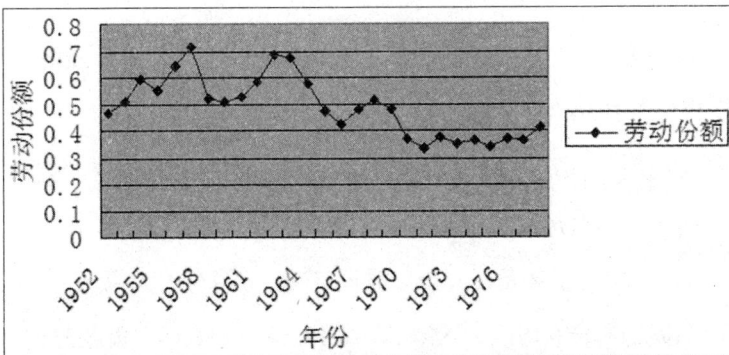

图 2.1　1952—1978 年我国劳动份额变化

从总体上看,我国劳动份额经历了上升、下降、再上升,而后在波动中下降的演变趋势。从1952—1957年,我国经历了劳动份额第一个上升阶段。这一时期是我国经济恢复时期,经过1949—1952年三年的努力,我国经济已经恢复到新中国成立前最高水平。到1956年底,工业、农业和工商业社会主义改造基本完成;经济快速增长,同时劳动者在初次分配中的地位明显提高。而后进入"大跃进"时期,从1957—1958年劳动份额大幅度下降,1957年我国劳动份额为0.72,而到了1958年直接降到0.52,下降了20个百分点,这在我国经济史上是罕见的。一方面可能是因为统计数据的原因,另一方面可能反映了政策对劳动份额的剧烈影响。而后1958—1959年保持稳定。1960—1963年,整个国民经济受到破坏,经济负增长,劳动份额相对上升。这一时期,劳动份额上升,不是因为劳动者地位的提高,而是因为经济出现了负增长。1963—1966年,我国国民经济进入调整时期,劳动份额却呈现下降趋势,这可能和我国高积累的发展战略有关,在经济增长中,收入分配向资本(国家)倾斜。1966—1968年是"文革"初期,我国劳动份额小幅度上升,这一时期的情形与1960—1963年类似,都是与经济的负增长相关,由于增加值的减少,相对提高了劳动份额。但是也有区别,1960—1963年是由自然灾害造成的,而1966—1968年是人为造成的。1969年之后,我国劳动份额在平稳中下降。

以上趋势表明,在三个劳动份额上升的阶段,两个阶段与经济的紧缩相关,只有1952—1956年,劳动份额上升与经济增长同步。而大部分时期,随着我国经济的增长,劳动份额是下降的。这与国外的经验研究相类似。根据达格穆(Dagum c.)对加拿大、美国和英国要素分配的研究,劳动份额出现了反周期波动。其中,加拿大在大萧条时期,劳动份额有了大幅度上升,1926—1929年,劳动报酬的平均值为55%,而在1930—1934年大萧条时期,这一份额的平均值一跃为68.4%。萧条最严重的1933年,劳动份额达到了77.1%的高峰值。美国和英国在大萧条时期,劳动份额也有了大幅度上升。[①]与我国不同的是,三个发达国家,在经济扩张时期,劳动份额保持平稳增长,只是增长的速度没有经济萧条时期增长得迅速。

无论是我国还是西方发达国家,都出现了劳动份额的反周期波动,也就是说,在经济增长时期缓慢增长或下降;在经济萧条时期增长迅速。这说明,改革开放之前我国劳动份额的波动与经济周期相关。但是又呈现出与西方发达国家不同的特征,我国劳动份额也出现过顺周期波动,这说明,相比西方国家,由于我国实行计划经济体制,我国劳动份额的变化受政府政策的影响更大。

(二)改革开放之后我国劳动份额演变趋势

根据表 2.2 绘制出 1978—2009 年我国劳动份额演变趋势图 2.2。图 2.2 显示出两种方法测算的我国劳动份额的变化趋势,从结果来看,生产函数法所测算的结果更加平稳,波动性较小,而收入法测算的劳动份额波动较大,特别是 2003—2004 年下降了 4 个百分点,这主要是统计原因造成的。[②]生产函数法计算的劳动报酬份额普遍高于省际法计算的劳动份额。但是总体趋势大体一致,都是先上升后下降,而后保持平稳,之后长时期地下降和短暂地回升;在上升和下降的阶段来说,出现了三个阶段的上升和两个阶段的下降;但是上升的时间较短,而下降的时间较长。

---

① 参见[美]卡米勒·达格穆:《加拿大、美国和英国的要素分配》,载[美]阿西马科普洛斯(Asi-makopulos, A.):《收入分配理论》,赖德胜等译,商务印书馆,1995 年,第 217~234 页。

② 参见根据国家统计局的解释,2004 年之前,个体业主的收入计入劳动报酬;而 2004 年之后,个体业主的收入计入了企业盈余,即资本所得。

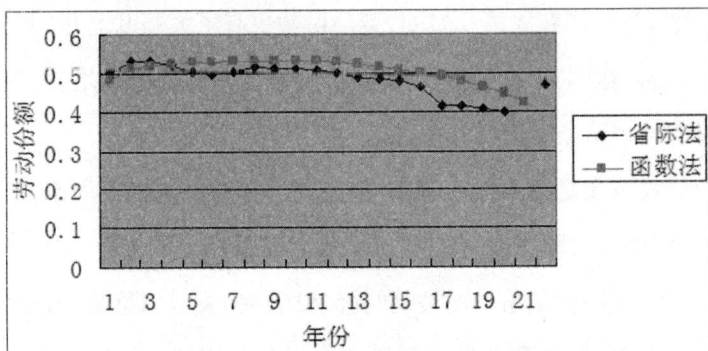

图 2.2　1978—2009 年我国劳动份额

注:根据表 2.2 数据绘制而成

具体来说,1978—1985 年是劳动份额上升的一个阶段,其间有两次大的跃升,一次是 1979 年,主要是农村实行家庭联产承包责任制,国家大幅度提高了农产品的收购价格,农民收入增加,农业劳动报酬提高;另一次是1984—1985 年,主要是由于 1984 年开始启动城市的经济体制改革,国家实行"放权让利",提高了职工工资水平。1991—1992 年下降,这可能是由于1992 年我国确立了市场经济体制改革的目标,非公有制成分开始增长。1993—1995 年短暂地上升。1995—2007 年下降,这一时期的下降无论是时间还是幅度都相当大,也是我国劳动份额偏低的主要时期。2007 年之后,劳动份额又呈现上升的趋势,可能与 2008 年全球金融危机相关,也可能是我国政府收入分配政策调整的结果。

改革开放之前和之后劳动份额的演变趋势有一些相似之处:其一,在总体趋势上都经历了上升、下降、再上升,而后平稳下降的过程,并且下降的时间更长,下降的幅度更大,因此表现为我国劳动份额长期处于较低水平。有学者认为:"中国初次收入分配格局存在的问题不是劳动报酬占 GDP 份额的下降,而是这一比例水平长期过低,初次收入分配格局似乎陷入了一种低水平稳定状态。"①这种观点有一定的合理之处。其二,劳动份额的大幅度提高与政府政策相关。改革开放之前,1952—1957年我国劳动份额数值较高,与政府恢复国民经济的政策相关;改革开放之后,1979—1985年,我国劳动份额的提高主要是因为农村实行家庭联产承包责任制,以及和1984年收入分配制度改革,国家放权让利的一系列政策有关。2007年之后劳动份额的上升,也与党的十七大提出我国要提高"两个比重"有关。这说明,政府政策对我国劳动份额的影响较大,特别是在计划经济时期,劳动份额的变化主要是政府政策调整的结果。

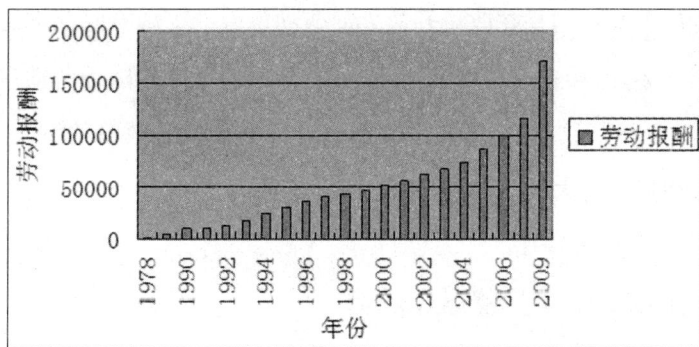

图 2.3　1978—2009 年我国劳动报酬总量
注:根据表2.3数据绘制而成

　　然而改革开放前后劳动份额的演变趋势有所不同:其一,改革开放之前我国劳动份额的变动更加剧烈,而改革开放之后劳动份额的变化相对平缓。改革开放之前,我国劳动份额在1957—1958年下降了20个百分点;而改革开放之后,劳动份额下降的最大幅度也只有4个百分点,并且主要是统计标准调整的缘故。其二,改革开放之前,我国劳动份额的变化伴随着劳动报酬绝对量的升降;而改革开放之后,我国劳动份额的变化伴随着劳动报酬绝对量的增长(参见图2.3)。改革之前,我国劳动报酬的变化,只在1952—1957

---

　　①　张车伟、张士斌:《中国初次收入分配格局的变动与问题——以劳动报酬占GDP份额为视角》,《中国人口科学》,2010年第5期。

年上升,伴随着经济增长带来的劳动报酬绝对量的增长;而其他两个阶段,由于经济紧缩,资本收益下降,导致劳动报酬地位相对上升,表现为劳动份额的提高。改革开放之后,我国国民经济一直保持着高速增长,在总体劳动报酬提高的过程中,劳动份额发生演变。图2.3显示了我国劳动报酬绝对量的变化,据此可以看到我国劳动报酬绝对量在改革开放之后一直处于高速增长趋势。这说明无论是劳动份额下降还是上升,我国劳动者都分享到了经济发展的成果,只是在不同的阶段分享到成果的比例不同。

总之,我国在改革开放之前也存在着劳动份额总体下降的趋势和劳动份额偏低的事实;但是在改革开放之前劳动份额的下降有时伴随着劳动报酬绝对量的下降,而在改革开放之后,劳动份额的下降伴随着劳动报酬绝对量的上升;改革开放前后,劳动份额的上升都受到政府政策的较大影响,改革开放之前影响更大。

二、我国劳动份额演变的区域趋势

由于我国经济社会发展存在较大的区域差异,劳动份额在不同区域的演变表现出了不同的特征;区域经济社会发展的变化不仅会改变本区域劳动份额的变化趋势,也使全国劳动份额变化趋势表现出不同的特征。图2.4显示了1978、1991、2009年我国28个省份劳动份额的分布。图中选择了改革开放之初的1978年,市场化改革之前的1991年和2009年为参照年份;为了比较的方便,剔除了西藏自治区和海南省。

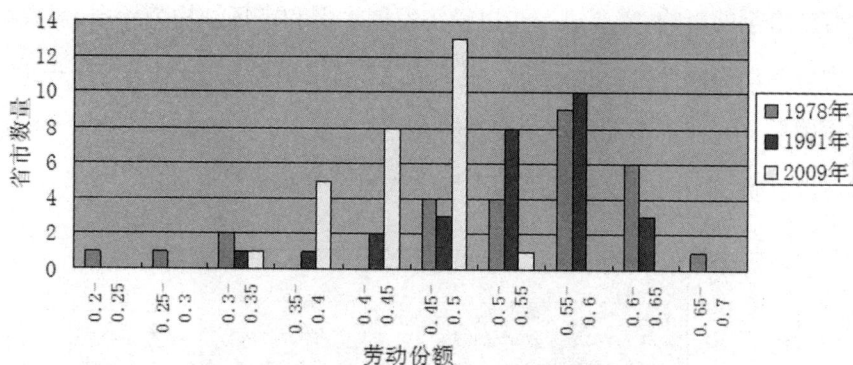

图 2.4 1978、1991、2009 年各省份劳动份额分布图
注:根据表 2.4 绘制而成

　　如图 2.4 所示,我国劳动份额在三个不同年份体现出了不同的分布特征。1978 年,各省份劳动份额分布比较分散,差距较大,最低的在 0.2~0.25 之间,最高的在 0.65 以上;大部分省份集中在 0.5~0.65 之间,其中 0.55~0.6 之间最多,有 9 个省份。1991 年,整体趋势向中间聚集,也就是在数值上,各省份的劳动份额绝对差距变小;最低的在 0.3~0.35 之间,最高的在 0.6~0.65 之间;大部分省份集中在 0.5~0.6 之间。同时,整个分部向右转移,在 0.5~0.55 之间和 0.55~0.6 之间的省份增加,共计 18 个省份,占所有省份的 2/3,因此在劳动份额上表现为较 1978 年有较大提高。2009 年,各省份劳动份额更加聚集,最低值在 0.3~0.35 之间,而最高值降到 0.5~0.55 之间,大部分省份集中在 0.35~0.5 之间,尤其是在 0.45~0.5 之间,有 13 个省份,占参比省份的 46%;相比 1991 年,各省份劳动份额总体向左移动,并且移动的幅度大于 1978—1991 年右移的幅度,也就是说劳动份额在 1991—2009 年的下降幅度大于 1978—1991 年上升的幅度,因此表现为 2009 年我国劳动份额不仅小于 1991 年,也小于 1978 年。

　　以上分析只是对不同年份劳动份额各省份分布变化的分析,并没有体现经济发展水平和市场结构的影响。要考察经济社会发展水平和市场结构对劳动份额的影响,需要进一步以经济发展水平和市场结构为标准,对我国各省份劳动份额作进一步分析。根据表 2.2 和 2.5,绘制出我国 1978—2009年全国东、中、西部劳动份额演变趋势图 2.5。以东、中、西部划分各省份,基本可以反映我国经济发展水平和市场结构对劳动份额的影响。

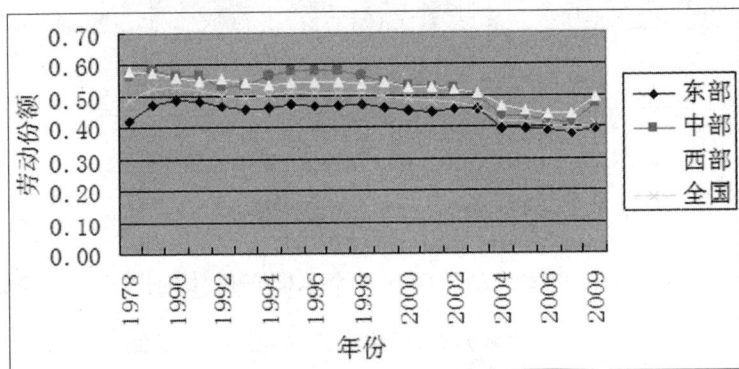

图 2.5 1978—2009 年我国区域劳动份额
注:根据表 2.2 和表 2.5 绘制而成

如图 2.5 所示,我国东、中、西部劳动份额表现出不同的演变趋势。总体来看,东部劳动份额变化趋势最平稳,其演变趋势与全国趋势大体相同,都经历了先上升后下降,而后小幅度上升,在长时期波动中下降,再大幅度上升的阶段。东部劳动份额与全国变化趋势相同,可能是因为东部其劳动报酬总额和 GDP 总额占全国劳动报酬总额和全国 GDP 总额的比重较大。图 2.6显示了东部地区劳动报酬和 GDP 分别占全国的比重。如图 2.6 所示,东部地区由于经济发展水平较高, 其劳动报酬的比例从 42.7%上升到 56.7%;GDP比例从 50.2%到 58.7%。因此其劳动份额的演变趋势较大程度上影响了全国劳动份额的演变趋势。

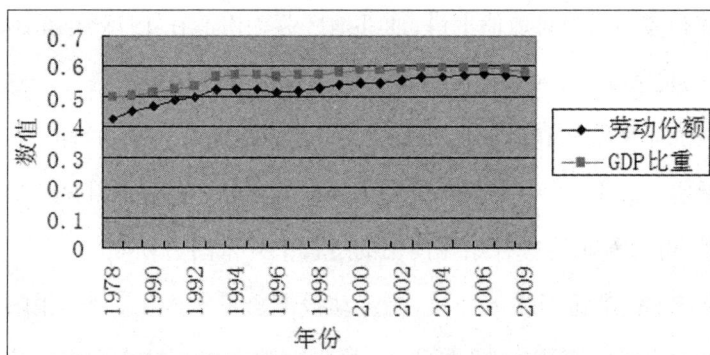

图2.6　1978—2009年东部地区劳动份额与GDP比例变化
资料来源:《中国统计年鉴2010》

从绝对数值看,东部劳动份额的数值最低,其劳动份额一直低于中部和西部劳动份额。除2003年之外,其它年份都低于全国劳动份额,这说明东部地区劳动份额一直处在较低水平,并且GDP比例的增长始终高于劳动报酬比例的增长。这说明在改革开放过程中,初次收入分配向政府和资本倾斜,劳动者的地位相对下降。然而从总量上来说,东部地区劳动报酬比例持续地增长,这说明,东部地区劳动报酬的增长要快于中部和西部地区。因此从区域上来说,劳动报酬总量向东部倾斜;就东部初次分配来说,向政府或资本倾斜。

中部地区劳动份额与中部和全国劳动份额的演变趋势有相似之处,基本上都经历了上升—下降—再上升—再下降—最后上升的变动趋势。但是二者也存在很大的不同:一是劳动份额在1991—1995年间出现大幅度上升,其间中部地区劳动份额最高;二是2007—2009年劳动份额大幅度上升,其程度要高于东部和全国其它地区。相对于东部和西部,中部地区劳动份额变化最为剧烈,劳动份额最高达到58.49%,而最低点为41.12%,振幅达到17.37个百分点,而东部、西部的振幅分别为10.22和8.95个百分点。

西部地区劳动份额总体上与其他区域不同,并没有出现上升—下降—再上升—再下降—最后上升的变动趋势,而是下降—平稳上升—下降—最后上升的趋势。从绝对数值上讲,西部地区劳动份额在1978年和2009年都是最高的,也就是说,西部地区劳动份额一直维持在相对的高位。这可能与西部地区的经济结构和市场化程度有关。西部地区有一个独特的特点,由于经济发展水平较低,从中央政府获得了大量的补贴。通过西部地区劳动份额演变趋势,可以看出这些补贴在使用的过程中并未向劳动倾斜。

总体来说,伴随着改革开放,在劳动报酬总量比例上,劳动报酬向东部倾斜,中西部劳动报酬比例不断下降,区域间劳动报酬拉大;在东、中和西部地区,初次分配向政府或资本倾斜,劳动份额下降。

三、我国劳动份额演变的产业趋势

产业结构对劳动份额的影响通过两个方面:一是产业内部劳动份额的变化。Kongsamut 等指出,随着经济的发展,农业、工业以及服务业的就业和劳动份额分别呈现出减少、不变和增加的态势。[1]二是产业内部劳动份额不变,产业结构发生转移。由于不同的产业劳动份额存在较大差异,当发生产业结构变动的时候,总体劳动份额也会发生变化。有学者认为,我国劳动份额的下降是因为"第二产业过快增长对劳动份额的负面作用,抵消了第三产业的积极作用"[2],当然在现实中这两种作用是同时发生的。

根据表2.2和2.4,可以绘制出1978—2007年第一、二、三产业及各产业总体劳动份额的演变趋势(如图2.7)。

从各产业内部来说,第一产业在1978—1985年有了较大提高,这主要与农村实行家庭联产承包责任制和政府提高农产品收购价格有关;1985—

---

① See Kongsamut,S.,Reble,S. and Xie,D.,Beyond B alanced Grow th.,*Review of Econom ic Studies*,2001,68(4).

② 张虎、梁东黎:《我国劳动份额研究:基于马克思的方法》,《当代经济研究》,2009年第10期。

1990 年下降，可能是因为政府政策的效果不再发生作用；1990—2003 年长期保持平稳；2003—2004 年,农业劳动份额大幅度提高,主要是因为从 2004年起,由于统计标准的变化,农业不再计盈余。总体上来说,劳动份额一直保持较高水平,可能是因为我国农业现代化水平不高,营业盈余较少。

　　第二产业在 1978—1992 年劳动份额大幅度上升,这可能与国家放权让利等政策有关,我国在新中国成立之后实行工业倾向的发展战略,工业在我国国民经济中占据着绝对的优势。因此政府政策放权让利的一系列政策,工业是最大的收益行业,企业也以各种补贴的方式补贴职工,从而使劳动份额上升。1992—2003 年长期保持稳定,2003—2004 下降而后 2005 年上升。从绝对数值上来说,工业劳动份额水平较低,大部分年份不足第一产业的一半。

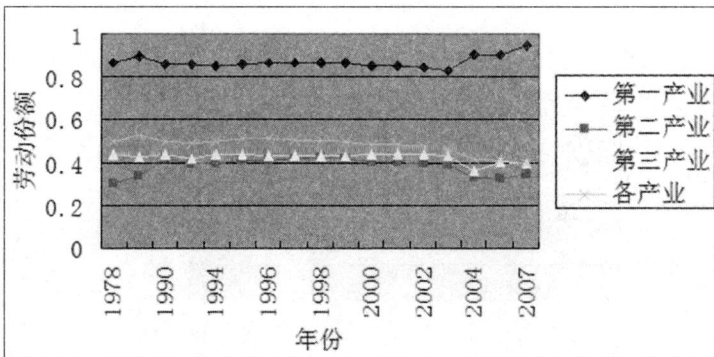

图 2.7　1978—2007 年我国产业劳动份额变化
注:根据表 2.7 绘制而成

　　第三产业在 1978—2003 年劳动份额比较平稳,2003 年之后略有下降,2003 年的下降很大程度上受统计标准调整的影响, 总体来说第三产业劳动份额比较平稳,并未出现发达国家劳动份额不断上升的趋势;从绝对数值上来看,劳动份额比第二产业略高,但是大大低于第一产业劳动份额。

　　总体来看,各产业劳动份额的波动大于第三产业,第一、二产业的波动幅度和波动趋势与总体劳动份额演变趋势类似, 总体波动趋势反映了各产业尤其是第一、二产业内部劳动份额的变动。从绝对数值来看,第一产业与第二、二产业内部劳动份额的巨大差距,决定了当经济结构出现产业之间的转移时,劳动份额会产生较大波动。

图 2.8 反映了同时期,我国各产业总值占 GDP 比例的变化趋势,可以显示出我国产业结构的转移。如图 2.8 所示,我国第一产业总值占 GDP 比重出现了较快的下降;第二产业比重在先下降而后略有上升之后,保持相对平稳的趋势;第三产业的比重出现了较大幅度的上升。这说明我国产业结构在改革开放之后不断地实现了从第一、二产业向第二、三产业转移。由于第一产业劳动份额大大高出第二、三产业,所以在我国经济结构从第一、二产业向第二、三产业转移中,劳动报酬总量大幅度下降,相应的我国劳动份额也出现下降。

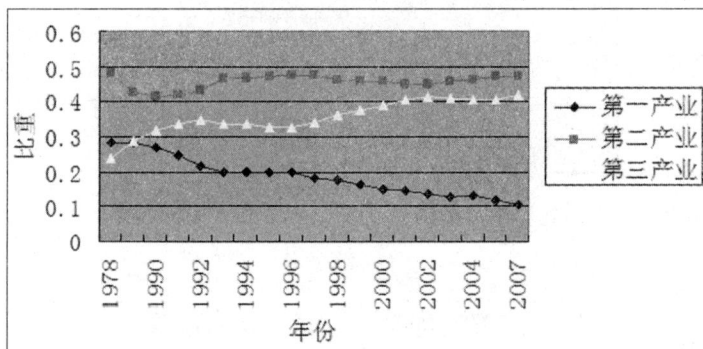

图 2.8　1978—2009 年各产业占 GDP 比重
资料来源:《中国统计年鉴 2010》

总之,无论是产业内部劳动份额的变化,还是产业间的转移,都对我国劳动份额产生了影响,但是产业间转移的影响更大。这意味着,随着这种转移的放缓或者结束,我国总体劳动份额下降趋势可能也会放缓;但是由于第三产业劳动份额也较低,不可能实现大幅度上升的趋势,较大可能小幅度上升或者下降,这取决于产业内部劳动份额的变化和产业间转移速度的不同。

当然,劳动份额的发展趋势也受到其他因素的影响。

第三节　中外劳动份额演变趋势的比较分析

　　中外劳动份额演变趋势比较分析有两个方面的意义。一是可以对我国劳动份额的现状作出价值判断。近年来,很多学者关注我国劳动份额的下降,也有很多学者得出劳动份额偏低的结论。我国劳动份额现状的价值判断与我国的基本社会制度紧密相关。我国是社会主义国家,实行生产资料公有制为主的生产资料所有制形式,以按劳分配方式为主体的分配方式;社会经济发展的目标是共同富裕,这些决定了我国劳动份额应该占有较高的比例。但是对我国劳动份额的现状作出价值判断,也应考虑到其他国家的现状。

　　二是可以从其他国家汲取若干经验,有利于判断我国未来劳动份额的发展趋势。我国劳动份额的制约因素体系与其他国家既有相同之处,也有独特的特征。如果承认劳动份额的决定具有某种共性,那么劳动份额的演进和发展会表现出某些共同的经济特征。由于我国经济社会发展程度与其他发展中国家不同,一些发展中国家现在的态势可能类似于我国过去的态势,而一些发达国家现在的态势可能也类似于我国未来的态势,因此我国劳动份额在时间上发展的趋势,可能在其他国家以空间的形式表现出来。通过中外劳动份额演变趋势的比较分析,可以为我国未来的劳动份额发展提供经验参考。本节选取了发展中国家、新兴工业化国家和发达国家作为参照经济体进行分析。

一、估算方法、数据来源的说明

（一）估算方法

OECD OLIS DATABASE（经合组织 OLIS 数据库）将按收入法核算的GDP分为劳动者报酬（COMP）、营业盈余和混合收入（GOS GMI）、税减产品补贴（TLSPI）三项，即：

$$GDP=COMP+GOS+GMI+TLSPI \tag{2.4}$$

$$LS=COMP/COMP+GOS+GMI+TLSPI \tag{2.5}$$

$$或者：LS=COMP/GDP \tag{2.6}$$

有些国家提供了统计误差（SD），即：

$$GDP=COMP+GOS+GMI+TLSPI+SD \tag{2.7}$$

$$那么：LS=COMP/COMP+GOS+GMI+TLSPI+SD \tag{2.8}$$

$$或者：LS=COMP/GDP \tag{2.6}$$

联合国《国民经济核算年鉴》，将一国国内生产总值（GDP）划分为劳动者报酬（COMP）、经营盈余（NTP）、固定资本折旧（DEP）、间接税减补贴（TISPI）四个部分，一些国家也提供了统计误差（SD）。那么就有：

$$GDP=COMP+NTP+DEP+TISPI+SD \tag{2.9}$$

$$LS=COMP/(COMP+NTP+DEP+TISPI+SD) \tag{2.10}$$

$$或者：LS=COMP/GDP \tag{2.6}$$

$$我国劳动份额的估算公式为：LS=COMP/GDP \tag{2.2}$$

$$或者：LS=COMP/(COMP+DEP+NTP+NOS) \tag{2.3}$$

三种计算方法并无太大的差别，都可以简单地为 2.6，这就为中外劳动份额的比较分析提供了方便。但是 2.5 和 2.8 的估算方法，把雇佣收入计入资本所得,有可能会低估劳动份额。我国将个体所有者收入获得统一作为劳动者报酬处理,会高估劳动份额。因此由于估算方式的差异,再加上数据质量本身的差异,国际比较存在着很大的困难。绝对数值的比较只能作为一种参考,并且要考虑到估算方法的差别。但是对于我们的分析,只要是同一种方法运用于同一研究对象就可以达到我们分析的效果。

《国际统计年鉴》共提供了 42 个国家和地区在 1995—2011 年的劳动报酬原始资料,包括 1970-2000 年 41 个国家,2000 年之后 17 个国家和经济体的数据,有些国家数据缺失严重,无法提供趋势分析,因此剔除了一些国家。根据中外比较分析的需要,选取了三组 13 个国家作为参比国家。第一组为发达国家,包括美国、英国、法国、加拿大和日本;第二组为中等发达国家,包括韩国、墨西哥、西班牙;第三组为发展中国家,包括委内瑞拉、缅甸、巴基斯坦、菲律宾、斯里兰卡。

(二)数据来源

参比经济体劳动份额的估算数据来源于 1995—2011 年的《国际统计年鉴》。其中,包括联合国《国民经济核算年鉴》、经合组织 OLIS 数据库、OECD 成员国国民核算统计年鉴和主要国家的政府网站。

我国国内劳动份额原始数据来源于根据《中国国内生产总值核算资料:1978—1995》《中国国内生产总值核算资料:1996—2002》《中国国内生产总值核算资料:1978—2004》以及 1992—2010 年《中国统计年鉴》的估算结果。

二、估算结果

(一)1970—2000年五个发展中国家劳动份额

表2.8　1970—2000 年五个发展中国家劳动份额

年份\国家	1970	1980	1985	1987	1988	1989	1990	1991
委内瑞拉	0.4038	0.4134	0.3513	0.3506	0.3677	0.3430	0.3067	0.3316
缅甸	0.4096	0.3780	0.3920	0.4098	0.4304	0.4214	0.4255	0.4275
巴基斯坦	0.8426	0.8329	0.8450	0.8318	0.8306	0.8296	0.8306	0.8279
菲律宾	0.3711	0.3160	0.3023	0.3146	0.3475	0.3504	0.2596	0.2532
斯里兰卡	0.3698	0.4541	0.4567	0.4571	0.4483	0.4509	0.4456	0.4530
年份\国家	1992	1993	1994	1995	1996	1997	1999	2000
委内瑞拉	0.3466	0.3418	0.3148	0.3126	0.2134			0.2891
缅甸	0.4382	0.4509	0.4620	0.4676	0.4685	0.4747		
巴基斯坦	0.8299	0.8337	0.8331	0.8373	0.8505	0.8531		0.7715
菲律宾	0.2586	0.2568	0.2538	0.2532	0.2595	0.2720		
斯里兰卡	0.4471	0.4445	0.4508	0.4463	0.4514		0.4709	

(二)1970—2008年三个中等发达国家劳动份额

表2.9　1970—2008 年三个中等发达国家劳动份额

国家\年份	1970	1980	1985	1987	1988	1989	1990	1991
韩国	0.3378	0.3556	0.3954	0.3981	0.4129	0.4384	0.4553	0.3580
墨西哥	0.3559	0.3603	0.2868	0.2684	0.2617	0.2571	0.2953	0.3088
西班牙	0.4518	0.5132	0.4576	0.4512	0.4532	0.4538	0.4782	0.4878

国家＼年份	1992	1993	1994	1995	1996	1997	1999	2000
韩国	0.3655	0.3516	0.4633	0.4679	0.4792	0.4770		0.4289
墨西哥	0.3288	0.3475	0.3534	0.3108	0.2912		0.3129	0.3099
西班牙	0.4897	0.4931	0.4748	0.4637	0.4625			0.4953

国家＼年份	2001	2002	2003	2004	2005	2006	2007	2008
韩国	0.4341	0.4304	0.4444	0.4465	0.4581	0.4621	0.4605	0.4627
墨西哥	0.3255	0.3256	0.3137	0.2964	0.2961	0.2859	0.2838	0.2801
西班牙	0.4924	0.4872	0.4835	0.4769	0.4741	0.4720	0.4767	0.4882

（三）1970—2009年五个发达国家劳动份额

表2.10　1970—2009年五个发达国家劳动份额

国家＼年份	1970	1980	1985	1987	1988	1989	1990	1991
美国	0.6129	0.6102	0.5943	0.5999	0.6014	0.5987	0.6035	0.6052
英国	0.5924	0.5987	0.5536	0.5457	0.5448	0.5520	0.5750	0.5791
法国	0.4931	0.5613	0.5495	0.5286	0.5189	0.5133	0.5180	0.5213
加拿大	0.5577	0.5571	0.5430	0.5483	0.5438	0.5480	0.5521	0.5715
日本	0.4343	0.5429	0.5430	0.5409	0.5363	0.5395	0.5356	0.5418

国家＼年份	1992	1993	1994	1995	1996	1997	2000	2001
美国	0.6046	0.6017	0.5979	0.6011	0.6005		0.5850	0.5902
英国	0.5745	0.5597	0.5482	0.5439	0.5417		0.5450	0.5652
法国	0.5241	0.5283	0.5182	0.5194	0.5229	0.5189	0.5187	0.5220
加拿大	0.5733	0.5640	0.5399	0.5325	0.5320	0.5298	0.5061	0.5220
日本	0.5453	0.5530	0.5624	0.5670	0.5590		0.5389	0.5412

续表

国家\年份	2002	2003	2004	2005	2006	2007	2008	2009
美国	0.5852	0.5761	0.5672	0.5621	0.5611	0.5627	0.5698	0.5640
英国	0.5564	0.5413	0.5398	0.5447	0.5413	0.5354	0.5321	0.5527
法国	0.5255	0.5251	0.5220	0.5204	0.5187	0.5141	0.5156	0.5272
加拿大	0.5146	0.5119	0.5091	0.5059	0.5130	0.5134	0.5118	0.5362
日本	0.5344	0.5274	0.5144	0.5151	0.5195	0.5083	0.5223	

三、中外劳动份额演变趋势的比较分析

(一)我国与发展中国家劳动份额演变趋势分析

根据表 2.8 和 2.2 可以绘制出 1980—2000 年我国与其他 5 个发展中国家劳动份额演变趋势图(如图 2.8)。其中,我国数据采用的是省际加总法,由于无法得到 1980 年的数据,故采用 1978 年的数据进行取代。

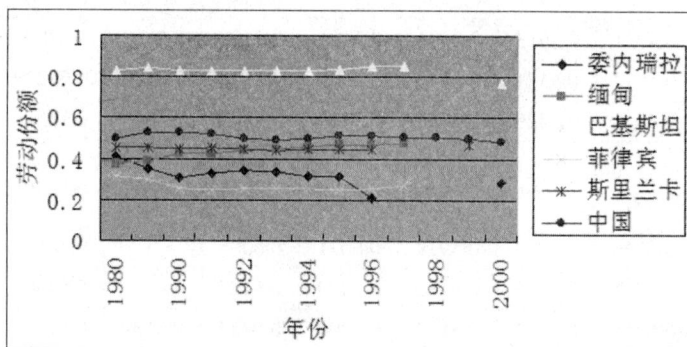

图 2.8　1980—2000 年我国与发展中国家劳动份额演变趋势
注:根据表 2.8 数据绘制而成

如图 2.8 所示,从波动趋势上来看,菲律宾、委内瑞拉和我国劳动份额出现下降的趋势;巴基斯坦和斯里兰卡保持了相对平稳的状态。这部分与 harrison 研究的结果相吻合,她认为 1960—1997 年间,劳动份额在发展中国

家下降,而在发达国家上升。[①] Shastri 和 Ramana Murthy 研究了印度 1973——1997 年间的工业劳动份额,[②]他们也发现,劳动份额在印度不断下降,在 25 年间几乎下降了一半。这可能与各国在这期间开始参与全球经济有关。从绝对数值来看,巴基斯坦的劳动份额远高于其他国家,其次是我国劳动份额相对较高,超出了缅甸、斯里兰卡、菲律宾和委内瑞拉,尤其是菲律宾和斯里兰卡,有的年份低于 0.3。因此从与其他发展中国家相比较来看,并不能得出我国劳动份额偏低的结论。当然,也可能与统计方法和统计数据质量有关。

(二)我国与其他中等发达国家劳动份额演变趋势分析

根据表 2.9 和 2.2 可以绘制出 1980——2009 年间我国与其他 3 个中等发达国家劳动份额演变趋势图(如图 2.9)。其中,我国数据采用的是省际加总法,由于无法得到 1980 年的数据,故采用 1978 年的数据进行取代。

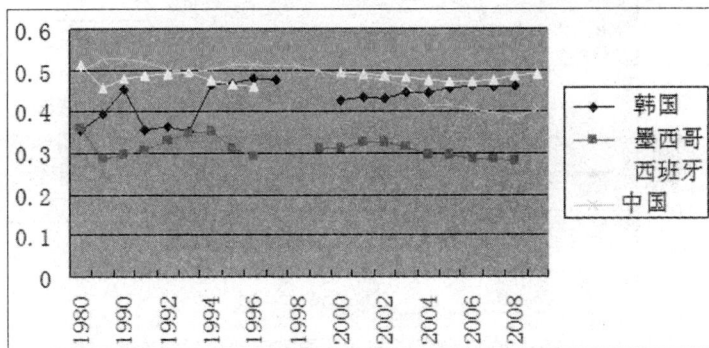

图 2.9 1980——2009 年我国与中等发达国家劳动份额演变
注:根据表 2.9 数据绘制而成

如图 2.9 所示,1980——2000 年间,我国劳动份额高于墨西哥、西班牙和韩国,并且趋势较其他国家平稳些,而墨西哥和韩国劳动份额剧烈变动,其

---

① See Ann E. Harrison, *Has Globalization Eroded Labor's Share? Some Cross-Country Evidence*, UC Berkeley, 2002, p.46.

② See Dr. Rahul A. Shastri and Dr. Ramana Murthy, *Decling Share of Wages in Organised Industry(1973-1997):A Kaleckian Perspective*, *Industrial Organization*, EconWPA.

波动的幅度大于其他发展中国家(如图 2.8)和其他发达国家(如图 2.10)。2000 年之后,我国劳动份额呈下降趋势,而韩国、墨西哥和西班牙都呈上升趋势;从绝对数值上看,我国劳动份额低于韩国和西班牙,总体劳动份额相对下降。这可能意味着,这些国家的劳动份额在经过剧烈震荡之后,进入了一个相对平稳的阶段。如果这一趋势是准确的,那么中国劳动份额将可能继续震荡,然后进入一个相对稳定的阶段。

(三)我国与发达国家劳动份额演变趋势分析

根据表 2.10 和 2.2 可以绘制出 1980—2009 年间我国与其他 5 个发达国家劳动份额演变趋势图(如图 2.10)。其中,我国数据采用的是省际加总法,由于无法得到 1980 年的数据,故采用 1978 年的数据进行取代。

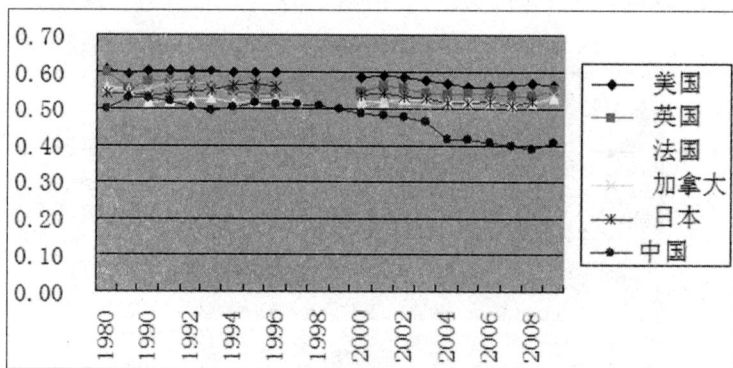

图 2.10 1980—2009 年我国与发达国家劳动份额演变趋势分析
注:根据表 2.10 数据绘制而成

如图 2.10 所示,相比发达国家,我国劳动份额波动相对剧烈;而西方国家在 1980—2009 年间符合"卡尔多"事实特征,也就是保持在较平稳的状态。从绝对数值上看,我国劳动份额低于所有发达国家;并且近几年,英国、法国、加拿大、日本和我国劳动份额都呈上升趋势。这可能和 2008 年国际金融危机有关,Bronfenbrenner 提出:"由于利润的波动,劳动收入的份额会在繁荣时期下降,在萧条时期上升。"①这一结论也基本符合我国劳动份额的演变趋势,同时达格穆对美国、英国和加拿大的经验研究也证实了这一结论。②

总之,通过对我国劳动份额演变趋势与不同发展程度的国家的劳动份额演变趋势的分析,我们可以得出如下结论:第一,目前,我国劳动份额相对于发达国家和其他中等发达国家偏低,但是在发展中国家处于较高的水平;第二,我国劳动份额可能会在经过动荡之后,进入一个相对较高的发展时期;第三,经济全球化可能引起发达国家劳动份额提高,发展中国家劳动份额下降;第四,劳动份额会在经济繁荣时期下降,在经济萧条时期上升,出现逆周期的趋势。

小　结

本章分析了我国劳动份额演变的时间趋势、区域趋势和产业趋势,并对改革开放之后中外劳动份额演变趋势作了比较分析。通过以上分析,我们可以得出如下结论:第一,我国劳动份额演变的时间趋势。我国在改革开放之前也存在着劳动份额总体下降的趋势和劳动份额偏低的事实;但是在改革开放之前劳动份额的下降有时伴随着劳动报酬绝对量的下降,而在改革开放之后,劳动份额的下降是伴随着劳动报酬绝对量的上升;改革开放前后,劳动份额的上升都受到政府政策的较大影响,改革开放之前影响更大。

第二,我国劳动份额演变的区域趋势。总体来说,伴随着改革开放,在劳

---

①　[美]马丁·布朗芬布伦纳:《收入分配理论》,方敏、李翱、刘振南等译,华夏出版社,2009年,第75页。

②　参见[美]卡米勒·达格穆:《加拿大、美国和英国的要素分配》,载[美]阿西马科普洛斯(Asi-makopulos, A.):《收入分配理论》,赖德胜等译,商务印书馆,1995年,第217~234页。

动报酬总量比例上,劳动报酬向东部倾斜,中西部劳动报酬比例不断下降,区域间劳动报酬拉大;在东、中和西部地区,初次分配向政府或资本倾斜,劳动份额下降。

第三,劳动份额演变的产业趋势。无论是产业内部劳动份额的变化还是产业间的转移都对我国劳动产生了影响,但是产业间转移的影响更大。这意味着,随着产业间转移的放缓或者结束,我国总体劳动份额下降也会放缓;但是由于第三产业劳动份额也较低,不可能出现大幅度上升的趋势,较大可能是小幅度上升或者下降,这取决于产业内部劳动份额的变化和产业间转移速度的不同。

第四,中外劳动份额演变趋势比较。目前,我国劳动份额相对于发达国家和其他中等发达国家相对偏低,但是在发展中国家处于较高水平;我国劳动份额可能会经过动荡之后,进入一个相对较高的发展时期;经济全球化可能引起发达国家劳动份额提高,发展中国家劳动份额下降;劳动份额会在经济繁荣时期下降,在经济萧条时期上升,出现逆周期的趋势。

第三章　我国劳动份额演变的原因及影响因素

第一节　我国劳动份额上升的原因

改革开放之后,我国劳动份额共经历了三次上升的时期,分别为 1978—1985 年、1993—1995 年、2007—2009 年。1978—1985 年我国劳动份额上升的时间较长,幅度也较大;[①] 2007 年以后劳动份额的上升可能意味着一个转折点;而 1993—1995 年,劳动份额的上升时间长,上升的幅度也不大,因此本节将只对 1978—1985 年和 2007—2009 年我国劳动份额的上升原因作进一步分析。

---

① 根据李扬的计算,1978—1988 年我国劳动份额一直处于上升时期, 参见李扬:《收入功能分配的调整:对国民收入分配向个人倾斜现象的思考》,《经济研究》,1992 年第 7 期。

一、1978—1985年我国劳动份额上升的原因

(一)农民劳动报酬的提高

党的十一届三中全会以后，以实行家庭联产承包制为主要内容的农村经济改革,极大地焕发了广大农民的社会主义积极性,在短短几年里取得了举世瞩目的成就。我国农业总产值在 1952—1985 年平均增长速度为 4.7%,而从 1979—1985 年为 10.1%,这说明农业增加值在 1979—1985 年实现了较快增长。这种较快增长主要是农产品的增收,1978 年我国粮食产量为 30477 万吨,1984 年达到 40731 万吨,增长了 33.65%;棉花产量 1978 年为 216.7 万吨,1984 年为 625.8 万吨,增长了 188.78%。[①]

同时,这一时期,政府大幅度提高了农产品价格,以解决农产品价格过低问题。1979 年,全国农产品收购价格总水平比 1978 年提高 22.1%,其中粮食类比 1978 年提高 30.5%，到 1984 年全国农产品收购价格总水平比 1978 年提高 53.6%,平均每年提高 7.4%,是新中国成立以来最快的时期。同期粮食类价格提高 98.1%,是各类农产品价格提高最多的品种。有学者指出:"由于农产品收购价格提高的幅度大于农村工业品零售价格提高的幅度，使绝对剪刀差缩小了；又由于农业劳动生产率提高的幅度大于工业劳动生产率提高的幅度,故使农产品价值降低的幅度大于工业品价值降低的幅度,又使相对剪刀差缩小的幅度大于绝对剪刀差缩小的幅度，这种现象表现为农民两面受益,由此看来,我国 1979 年以来的剪刀差状况从总体上说对农民有利。"[②]

---

① 根据 1981—1986 年《中国统计年鉴》计算得出。
② 张国藩、邹伟进:《我国剪刀差问题新探》,《价格理论与实践》,1993 年第 1 期。

在农产品增收和农产品价格提高的双重作用下,农民收入从 1980 年的 191.33 元,提高到 1985 年的 397.6 元,年平均增长 17.97%,高于同期国民收入和农业增加值增加的速度,因此 1979 年之后农村的经济体制改革大幅度提高了农民的劳动报酬。同时,农业在国民收入中的比重也大幅度提高,1979—1985 年农业收入占国民收入的比重分别为 39.3%、39.1%、41.6%、43.9%、44.3%、44.1%、41.4%。[①] 1982—1984 年超过了工业占国民收入的比重。由于我国农业劳动份额较高,因此农业产值比重的增加,拉动了我国整体劳动份额的提高。

(二)城市职工劳动报酬的提高

1978—1985 年职工劳动报酬的提高来源于两个方面:一是职工工资的普调;二是政府实行放权让利等一系列政策,企业以各种补贴和奖金等形式发放给职工除工资以外的收入。

1956—1977 年,我国出于发展战略的需要,也由于我国经济发展的曲折经历,职工工资被冻结了 20 年。邓小平 1987 年 5 月 29 日会见新加坡第一副总理吴作栋时说:"从 1957 年至 1978 年,'左'的问题使中国耽误了差不多 20 年。中国这一时期也有发展,但整个社会处于停滞状态。那段时期,农民年均现金收入 60 元,城市职工月均收入 60 元。在近 20 年的时间里没有变化,按照国际标准,一直处于贫困线以下。"[②]因此从 1977 年起我国实行了工资普调,1977 年对工作多年、工资偏低的职工给予升级,升级面为固定职工数的 40%;1978 年的升级面为 2%;1979 年又安排 40% 的升级面。1981 年后分部门轮流调资,1981 年得到调资的是中小学教职工、医疗卫生单位护士、体育系统的运动员和教练员;1982 年是国家机关及尚未调资的事业单位职工;

---

① 根据《1986 年中国农业经济统计年鉴》计算得出。

② 《人民日报》,1987 年 5 月 30 日。

1983 年是企业职工。经过几次调整,职工工资一般都升了两级,个别的升了三级,职工工资有了大幅度提高。

同时,这一时期我国国有企业开始实行以放权让利为主要特征的改革,其主要内容是改革政府和企业的关系,扩大企业自主权,使企业从政府的附属物转变为具有一定自主权和利益的相对独立的经济实体。1979 年,国务院制定并颁布了《关于扩大国营企业经验管理自主权的若干规定》,就企业可拥有部分计划、销售、资金运用、职工福利基金和奖励基金使用等权利作了说明。1979 年 4 月召开的中央工作会议提出要扩大企业自主权。此后进行了一系列试点改革,并于 1981 年在国营企业中全面推行。到 1981 年底,全国有 4.2 万多个工业企业实行了经济责任制。1982 年,国务院转发《关于工业企业实行责任制若干问题的意见》,要求在实行责任制的同时进一步扩大企业自主权。1983 年,国务院又转发了《关于国营工业企业利改税实行办法的通知》,要求对工业企业实行利改税。按照这一文件,税后利润按 55% 的税率缴纳所得税,税后利润一部分上缴国家,一部分留给企业。1984 年,实行第二部利改税,由原来的税利并存改为完全的以税代利,并对税种和税率进行了调整。1984 年 5 月,国务院颁发了《关于进一步扩大国营企业自主权的暂行规定》,扩大了包括工资奖金使用权等 10 项自主权。1985 年 9 月,国务院又批准《关于增强大中型企业国营工业企业活力若干问题的暂行规定》,对企业自主权作了 14 条规定。

这一系列政策大大增加了企业的留利。1978 年,国营企业留利 86 亿元,1980—1985 年分别为 140 多亿元、160 多亿元、210 多亿元、290 多亿元、350 多亿元、462 亿元。企业留利占实现利润的比例在 1978 年为 12.3%,到 1985 年已提高为 39%。[1]同时,也使企业有了更大的自主权,向职工以补贴、津贴、

———————

① 参见项怀诚:《在改革中前进的中国财政》,《财政研究》,1987 年第 2 期。

奖金及实物的形式发放各种工资外收入,这些也大大增加了职工的劳动报酬。

以上两类政策的调整提高了劳动报酬。1978—1985 年,劳动生产率平均增加 6.6%,职工工资总额增加 14%;1979—1985 年,国民收入的增长率平均为 8.8%。[①]这说明,1878—1985 年,我国劳动报酬的增长既超过了劳动生产率的增长,也超过了国民收入的增长。劳动报酬的较快增长使这一时期劳动份额大幅度提高。

总之,这一时期我国劳动份额上升主要是政府政策调整的结果。在农村,主要是家庭联产承包责任制和政府提高农产品收购价格,提高了农民劳动报酬;在城市,主要归因于工资制度改革和国家一系列放弃让利政策,提高了职工劳动报酬,因而从总体上提高了劳动报酬和劳动份额。并且这一时期劳动份额的提高是在经济增长的前提下, 即总量劳动报酬大幅度提高的前提下,与经济周期没有关系。

二、2007—2009年我国劳动份额上升的原因

2007—2009 年我国劳动份额也有大幅度上升,2007 年我国劳动份额为 39.74%,而 2009 年提高到 46.62%,两年内提高了近七个百分点。上升的幅度很大。这一阶段劳动份额的上升是政府政策、劳动力市场自身供求的变化和 2008 年国际金融危机共同作用的结果。

(一)政府政策的调整

1995—2007 年,我国劳动份额持续下降。劳动份额下降引起了民众的不满, 据全国总工会一项调查显示,23.4%的职工 5 年未增加工资,75.2%的职

---

① 根据 1986 年《中国统计年鉴》计算得出。

工认为当前社会收入分配不公平,61%的职工认为普通劳动者收入偏低是最大的不公平。劳动份额的下降也引起了学者的热议和担心,中国人民大学劳动人事学院教授郑功成认为,这种利润侵蚀工资、机器排挤劳动的现象,不利于缩小收入差距,影响社会和谐稳定,更不利于扩大消费、拉动内需——如果老百姓没多少钱可以用来消费,出台再多的刺激政策也只能是事倍功半。

在这种情况下,我国政府政策开始实行调整。一方面,官方领导人密集表态要提高劳动报酬。温家宝指出:"当前,收入分配问题已经到了必须下大力气解决的时候。如果收入差距继续扩大,必将成为影响经济发展和社会稳定的重大隐患。"[1]随后,胡锦涛在全国劳动模范和先进工作者表彰大会上发表重要讲话,提出:"提高劳动者报酬,让群众体面劳动。"另一方面,党和政府以文件的形式提出提高劳动报酬的目标。党的十七大报告中指出:"初次分配和再分配都要处理好效率和公平的关系,再分配更加注重公平。逐步提高居民收入在国民收入分配中的比重,提高劳动报酬在初次分配中的比重。着力提高低收入者收入,逐步提高扶贫标准和最低工资标准,建立企业职工工资正常增长机制和支付保障机制。"[2]"十二五"规划进一步指出要"合理调整国家、企业、个人分配关系,努力实现居民收入增长和经济发展同步、劳动报酬增长和劳动生产率提高同步"。

各级地方政府纷纷提高了最低工资标准,全国最低工资标准从2006—2008年提高了15%;北京2006—2008年最低工资标准分别为640元、730元、800元。黑龙江从2006年的460元提高到2007年的620元,提高了30多个

---

① 温家宝:《关于发展社会事业和改善民生的几个问题》,《求是》,2010年第4期。
② 胡锦涛:《高举中国特色社会主义伟大旗帜为夺取全面建设小康社会新胜利而奋斗——在中国共产党第十七次全国代表大会上的报告》,http://cpc.people.com.cn/GB/64093/67507/6429851.html。

百分点。[1]王弟海的研究表明,在二元经济结构存在的条件下,提高最低工资制度能够提高劳动份额。[2]

(二)劳动力供求市场的变化

市场供求是影响劳动报酬的基本力量。据统计,1982 年"三普"时农村进城务工者仅为 657 万,1990 年"四普"时达到 2135 万,2000 年"五普"时上升到 1.44 亿,2009 年 3 月国家统计局的一项统计结果显示已上升到 2.25 亿人。[3]劳动力市场长期存在的供过于求的现状,使劳动报酬被压在很低的水平。

但是近几年,我国劳动力市场开始发生了变化。首先,中国处于过剩状态的农村劳动力已明显减少。随着农村劳动力大规模地从农村向城镇转移,中国农村剩余劳动力数量已明显减少,特别是近几年下降的趋势更加明显。据统计,自 2008 年以来,农村进城务工的后备力量共减少了 2000 万人左右。[4]其次,农村剩余劳动力中青壮年劳动力的比重已经不高。从农村分年龄段人口比重的变化趋势来看,15—39 岁青壮年劳动力的比重逐渐下降,而40—64 岁中老年劳动力的比重则出现明显上升的态势。青壮年农村进城务工者的短缺化趋势意味着农村剩余劳动力的释放空间已经比较有限。[5]

加上我国劳动力市场的分割,人为增加了农村劳动力流动的成本;城市物价上升,农村进城务工人员享受不到"国民待遇";农村进城务工人员权益得不到保障,克扣工资的问题时有发生。而农村,政府取消了农业税,农业的

①　资料来源:2006—2009 年《中国民政统计年鉴》。
②　参见王弟海:《从收入分配和经济发展的角度看我国的最低工资制度》,《浙江社会科学》,2011 年第 2 期。
③　参见郑秉文:《如何从经济学角度看待"用工荒"》,《经济学动态》,2010 年第 3 期。
④　参见萧琛等:《"民工荒"的原因、应对与劳工市场制度变革前景》,《社会科学战线》,2010 年第 11 期。
⑤　参见辜胜阻、李华:《以"用工荒"为契机推动经济转型升级》,《中国人口科学》,2010 年第 3 期。

补贴增多。这些都抑制了劳动的转移,也使劳动力市场供求关系逐步发生了变化。

劳动力市场供求关系的变化以"民工荒"的形式显现出来。2003 年,部分企业开始出现用工短缺;2004 年春节,在珠江三角洲地区,第一次出现了"民工荒"。随后几年,不仅在沿海用工地区,甚至在劳务输出省份也出现了"民工荒"。王呈斌、毛晓燕通过对浙江省 345 家民营企业、11 家人才市场问卷调查发现,29.7%民营企业面临"用工荒",员工缺口比率为 28.5%,小企业"用工荒"现象尤为严重。[1]事实证明,企业是否存在招工难现象,与企业的工资水平直接相关。根据劳动和社会保障部门的调查,工资待遇低、劳动强度大、工作环境差的劳动密集型企业,缺工问题最为突出;工资待遇与缺工有直接关系,月平均工资在 700 元(含加班费)以下的企业普遍招工较难;700—1000元的企业,招技工较难,但用工基本可保证;1000 元以上的企业招工没有问题。[2]

劳动力供求关系的变化对企业形成了倒逼机制,为弥补用工短缺,企业被迫提高职工的工资标准和福利待遇,因而劳动报酬提高,劳动份额上升。

(三)2008年国际金融危机

自改革开放之后,特别是加入 WTO 后,我国经济发展对外贸的依存度不断加大,1992 年,我国进出口总额占 GDP 的比重为 33.85%,到 2002 年上升到 43.14%,2006 年上升到 64.81%。对外贸易依存度的加大,使我国经济更多地受到国际因素的影响。

源于西方发达国家的 2008 年国际金融危机,使我国对外贸易受到很大

---

① 参见王呈斌、毛晓燕:《后危机时代民营企业用工荒现象探析》,《经济理论与经济管理》,2010 年第 4 期。

② 劳动和社会保障部课题组:"关于民工短缺的调查报告",http://www.molss.gov.cn/news/2004/0908a.htm。

的影响。由于美国和欧洲占我国出国总额的 40%,美国和欧洲经济的衰退,使我国出口贸易受到很大影响。2008 年 11 月到 2009 年上半年,对外贸易连续出现了负增长。据国家统计局统计,2009 年我国出口总额从 14306.9 亿美元下降到 12016.1 亿美元,下降了 16 个百分点;其中工业制成品出口总额从 13527.4 亿美元下降到 11384.8 亿美元,下降了 19 个百分点,初级产品出口总额从 779.6 亿美元下降到 631.1 亿美元,下降了 15 个百分点。外商直接投资也受到一定的影响,外商投资总额从 923.95 亿美元下降到 900.33 亿美元,下降了 2.6 个百分点。

对外出口的下降会减少资本投资,引起劳动力需求的减少,影响劳动力供求关系,使劳动份额下降。但是出口的下降也使资方利润减少,由于我国劳动份额较低,资本份额较高,在总增加值减少的情况下,资本份额的下降会更大,因而使总体劳动份额相对上升。并且我国劳动力价格已经被压得很低,部分企业甚至低于劳动者的"生存工资",劳动力价格几乎没有下降的空间,所以对劳动力需求的减少,会引起劳动者失业率的上升而不是劳动价格的下降。因此对外出口的减少相对提高了我国劳动份额。

我国总体上劳动力供大于求,加上二元劳动力市场的分割,增加了劳动力流动的成本,外商直接投资对我国劳动的影响扩大效应大于缩减效应。外商直接投资的减少,提高了我国劳动份额。

以上是 2008 年国际金融危机对我国劳动份额的直接影响,金融危机对我国劳动份额还产生了间接影响。由于我国对外贸易依存度较高,金融危机也影响了我国整体经济的发展。根据《2010 年中国统计年鉴》,2007—2009 年我国 GDP 总量增长分别为 22.9%、18.1% 和 8.4%,这说明 2007—2009 年我国经济增长放缓。国内外的经验研究证明,劳动份额会出现逆周期波动,在经济增长时会下降,而在经济紧缩时会提高。经济增长放缓可能也是我国劳动份额提高的一个原因。

比较两个阶段劳动份额的上升可以发现,两次上升有共同之处:都与政府政策调整有关。然而尽管两次上升都与政府政策有关,但政府政策所起的作用不同。1978—1985年,我国实行的是计划经济体制,经济的开发程度不高,政府可以通过政策的调整提高劳动份额,收到立竿见影的效果,无论是提高劳动份额还是降低劳动份额,都在政府可控的范围内。而2007—2009年劳动份额的上升却是政府政策、劳动力市场的变化和经济全球化等因素共同作用的结果。这一时期,我国已经建立起市场经济体制,市场在劳动力资源配置中起基础性作用;并且我国已经加入WTO,卷入了世界经济。总体上说,虽然政府对劳动份额仍然起着重要作用,但是其影响力有所下降,劳动份额更多地受到市场变化和国际化因素等不可控因素的影响;并且政府政策本身在实行的过程中也受到市场机制的约束和国际经济形势的影响。

第二节　1995—2007年我国劳动份额下降的原因分析

本节主要对改革开放之后我国劳动份额下降的原因进行分析。根据第二章第二节的估算,改革开放之后我国劳动份额的下降有两个时期,即1991—1992年和1995—2007年。1991—1992年下降的时间较短、幅度较小,而1995—2007年劳动份额下降的时间较长、幅度较大,并对我国劳动份额的现状有重要影响,因此本节选择1995—2007年这一时间段分析我国劳动份额下降的原因。

一、模型设置、指标选择和数据来源的说明

根据第一章的分析,在二元经济结构下,我国劳动份额的制约因素包括:劳均资本存量、劳动者教育水平、全要素生产率、就业压力、工会的议价能力、市场竞争程度、政府干预、经济全球化和二元经济结构。为了研究1995—2007年我国劳动份额的影响,我们可以构建一个计量模型[①]:

$$LS=a_i+b_1LCAP_{it}+b_2EDU_{it}+bit_3UNP_{it}+b_4UNI_{it}+b_5MAR_{it}+b_6GOV_{it}+b_7GOL_{it}+b8DUA_{it}+\varepsilon_{it}$$

式中:i代表截面单位(各省),t代表不同的时期(t=1,2,…,T)。a为面板数据中的截距项,b_1、b_2、b_3、b_4、b_5、b_6、b_7、b_8为待估计参数向量,为随机误差项。LS(Labor Share)表示劳动份额,为模型的被解释变量;LCAP(Labor Capital)表示人均资本存量,EDU(Education)表示劳动者的受教育程度,UNP(Unemployment)表示就业压力,UNI(Union)表示工会的议价能力,MAR(Market)表示市场化程度,GOV(Government)表示政府干预,GLO(Globalization)表示全球化程度,DUA(Dual)表示二元经济的发展水平,为模型的控制变量。

LS用劳动报酬除以劳动者报酬、生产税净额、固定资产折旧和营业盈余之和计算得出。LCAP用资本存量除以从业人数计算得出,1993—2000年的资本存量数据来源于张军、吴桂英、张吉鹏,[②]该数据基年为1952年,其计算方法为永续盘存法,2001—2009年的数据同样根据永续盘存法推算得到;EDU用劳动者平均受教育年限表示,平均受教育年数的计算式为$EDU=6d_1+9d_2+12d_3+16d_4$,其中$d_1$、$d_2$、$d_3$、$d_4$表示劳动者的文化程度为小学、初中、高中及大专以上人口所占的比重;UNP用城镇登记失业率表示;UNI用就业人口加入工会的比率表示;MAR用非公有单位占就业人口的比例表示;GOV用政

---

① 我国全要素生产率比较低,对劳动份额影响有限,模型没有把全要素生产率作为控制变量。

② 参见张军等:《中国省际物质资本存量估算:1952—2001》,《经济研究》,2004年第10期。

府财政支出占 GDP 的比重表示。政府支出使用运算公式:政府支出=一般预算支出+(地区生产总值/国内生产总值)*(中央财政支出+全国预算外支出);GLO 用各地区按境内目的地和货源地分商品进出口额占 GDP 的比重来度量,由于统计年鉴中数值以美元表示,因此本书按照当年美元兑换人民币汇率的平均值将各年数值换算成人民币。DUA 用第二和第三产业的从业人数占总从业人数的比重表示。

原始数据来源于 1996—2010 年的《中国统计年鉴》《中国劳动统计年鉴》《中国人口和就业统计年鉴》,各省统计年鉴,《新中国六十年统计资料汇编》《中国国内生产总值核算历史资料:1952—2004》。笔者收集了中国 29 个省级单位 1995—2007 年间的数据,由于西藏自治区有部分数据缺失,因此在研究中不包含西藏自治区;为保持数据的连贯性,把重庆市的数据放到四川省一并计算。

二、计量结果及解释

(一)不同方法对计量模型的估计结果

表 3.1　不同方法对计量模型的估计结果

解释变量	被解释变量:劳动份额(LS)		
	混合估计	随机效应	个体固定效应
LCAP	−7.19E−07(−5.56)***	−8.43E−07(−6.36)***	−8.72 E−07(−6.27)***
EDU	−0.000031(−0.01)	0.001479(0.33)	0.003241(0.64)
UNI	−0.049(−2.12)**	−0.052(−2.75)***	−0.048(−2.49)**
UNP	−0.074(−0.27)	−0.40(−1.75)*	−0.47(−2.02)**
MAR	−0.051(−2.38)**	−0.0142(−0.62)	−0.0092(−0.33)
GOV	−0.014(−0.41)	0.031(0.80)	0.044(1.05)
GOL	−0.014(−1.55)#	0.026(1.76)*	0.037(1.88)*
DUA	−0.37(−7.57)***	−0.59(−7.34)***	−0.67(−6.26)***

续表

解释变量	被解释变量:劳动份额(LS)		
	混合估计	随机效应	个体固定效应
D-W 值	0.3462	0.7383	0.82193
修正的 R2	0.62883	0.6655	0.8284
Hausman 检验	$X^2=18.26>X^2_{0.05}(8)=15.51$		

注:括号内为 t 统计量,#、*、**、*** 分别代表 20%、10%、5%、1% 显著性水平。

对于劳动份额的计量模型,我们主要采用三种方法来估计。首先,采用面板数据的混合效应模型估计,估计结果见表 3.1 的第 1 列。其次,采用面板数据的个体固定效应和随机效应模型来分别估计,估计结果见表 3.1 的第 2 列和第 3 列。三种估计结果并不一致,如经济全球化对我国劳动份额的影响,混合估计为负,只在 20% 水平上具有显著性;而固定效应和随机效应估计的影响为正,并在 5% 水平上具有显著性。政府干预对我国劳动份额的影响也是类似的结果。另外,回归系数也存在很大差别,二元经济结构在三种估计方法下,都对劳动份额有极其显著的影响,但回归系数在混合估计下为-0.37,而在个体固定效应模型下为-0.67。因此三种估计方法的结果存在很大差异,需要比较哪种估计方法更适合。

与混合估计模型相比,个体固定效应模型是一个无约束模型,修正的 R^2 和 D-W 值都较高,通常采用受约束 F 检验和 X^2 检验。

原假设 H0:个体的模型截距项和系数项都相同(混合效应模型)。

备择假设 H1:个体的模型截距项不同和系数项都相同(个体固定效应模型)。

$$F=\frac{(R^2_{ur}-R^2_r)/x_2}{(1-R^2_{ur})/x_1}=14.135$$

$$X^2=2(LR_{ur}-LR_r)=2*(739.0406-598.5765)=280.9282$$

式中:R^2_{ur} 和 R^2_r 分别为个体固定效应模型和混合效应模型估计的确定

系数,x_1 和 x_2 分别为混合效应模型的自由度和个体固定效应模型的自由度;LR_{ur} 和 LR_r 分别为个体固定效应模型和混合效应模型估计结果的对数极大似然函数值。由于 $F=14.1358>F_{0.01}(27,328)=1.5198$,$X^2=280.9282>X^2_{0.01}(28)=48.2782$,所以拒绝原假设,个体固定效应模型估计优于混合效应模型。随机效应和个体固定效应相比,通过 Hausman 检验可知:$X^2=18.26>X^2_{0.05}(8)=15.51$ 也拒绝了原假设。因此个体固定效应模型估计最为有效。鉴于此,以下的分析主要采用个体固定效用模型来估计。

根据个体固定效应模型的估计结果,人均资本存量对劳动份额的影响为负,并在 1% 水平上具有显著性,但回归系数较小。人均资本存量对我国劳动份额的影响为负,说明随着资本的积累,提高了资本的地位,而劳动者处于弱势。一般来说,资本积累对劳动份额的影响分为两个方面:一方面,资本积累增加会增加资本投资,使劳动力需求上升,因而有利于提高劳动份额;另一方面,资本的增加,会提高资本的地位,使劳动者处于更加弱势的地位,进而使劳动份额下降。在劳资争议中,劳动者本身处于弱势。并且我国劳动力市场总体上供给大于需求,劳动力几乎处于无限供给状态,劳动力价格几乎由资方单边垄断来决定;而经济全球化加速了资本流动性,提高了资本的议价能力。[1]加上我国单维的以 GDP 增长为主要指标的绩效评价机制,各级地方政府片面追求 GDP 增长,更加重视招商引资而不是对劳动者的保护。这些因素都使资本的地位得到了加强,资本积累带来劳动力需求的上升远不如资本地位的增加对我国劳动份额的影响大。因此资本存量的增加降低了我国劳动份额。回归系数较小与我国粗放的经济增长模式有关,由于粗放的经济增长模式,我国企业尤其是加工企业的利润率本身并不高,加上我国劳动力价格本身已经很低,甚至低于"生存工资",因此很难继续压低。所以资

---

① See Dani Rodrik, *Capital Mobility And Labor*, Harvard University, 1998, p.1.

本积累的增加,也就是人均资本存量的增加并没有较大幅度压低劳动份额。

　　劳动者受教育水平对劳动份额的影响为正,但显著性并不明显,回归系数也较小。劳动者受教育水平的提高,既可以引起劳动者边际产品的上升,也可以提高劳动者的综合素质,提高议价能力,因此劳动者受教育水平的提高会提高劳动份额。但显著性并不明显,且回归系数较小,这可能与教育回报率有关。国外的研究表明,教育收益率随着受教育程度的提高而下降,即初等教育最高,中等教育次之,高等教育最低。[1]而中国情况则相反,根据Heckman 和 Li 研究,我国高等教育回报率每年近 11%,而非高等教育大约每年 9%。[2] 2007 年,我国劳动者中小学、初中、高中、大专、本科、研究生以上学历的比率分别为 28.3%、46.9%、12.2%、4.3%、2.1%、0.2%,平均受教育年限为8.04年。[3]大多数劳动者学历为小学和初中,而这一阶段的教育回报率较低,劳动报酬增加有限。劳动者受教育年限的提高对劳动份额的提高作用不显著。

　　工会人员的比例对劳动份额的影响为负,并且在 5%水平上具有显著性,回归系数也较大。理论上说,工会组织人员的增加会提高劳动者的议价能力,从而提高劳动份额。国外的经验分析也得出类似的结论,Blanchard 和Giavazzi 的研究发现劳动份额的变化方向由纳什谈判权重和原要素份额的相对水平决定,工会提高工人工资有很多较为有利的证据。[4]然而我国省际面板数据估算结果得出了不同的结论。这可能与我国工会的多重角色有关,我国工会既是工人组织,更重要的还是国家机关,如全国总工会和各省市工会工作经费来源由财政划拨, 工作人员属于国家公务员编制或者事业单位

　　① See Psacharopoulos,G.,Pat rinos,H. A.,Returns to Investment in Educatioin:A Further Up-date,*World Bank Policy Research Working Paper*,2002.

　　② See Heckman,J.,Li,X. S.,Selection Bias. Comparative Advantage and Heterogeneous Returns to Education:Evidence f rom China in 2000,*Pacific Economic Review*,2004,9(3).

　　③ 根据《2008 年中国劳动统计年鉴》计算得出。

　　④ See Olivier Blanchard and Francesco Giavazzi,Macroeconomic Effects of Regulation And Dereg-ulation in Goods And Labor Market,*Quarterly Journal of Economics*,2003,118(3).

编制,基本上属于国家行政机关;企事业单位工会领导的任命和考核由企业决定,而不是由职工直接选举,这就使得当职工利益和企业发生冲突时,工会组织会选择维护企业利益,而不是保护职工的利益。因此工会人员入会比例的增加没有提高劳动份额,反而使劳动份额下降。

失业率对我国份额的影响为负,并且在5%水平上具有显著性水平,回归系数也很高。这说明劳动力市场长期供大于求的关系是引起我国劳动份额下降的主要原因之一,也说明我国劳动份额受劳动力市场供求关系的影响较大。这一时期,我国劳动力总体上供大于求,失业率的上升对劳动者形成了更大的就业压力,迫使劳动报酬减少,劳动份额下降。并且受到户籍制度和福利制度的影响,我国劳动力市场的分割加剧了劳动力市场供大于求的现状,失业率的变化加剧了劳动份额的变化。

市场化程度对劳动份额的影响为负,但不具有显著性,回归系数也较小。这可能与我国体制内外劳动报酬的差异有关。由于市场化程度指标以非公有企业就业人员占总就业人员的比例表示,所以市场化程度的提高,说明非公有企业就业人员的增多。但是由于存在着体制内外的差异,我国国有企业就业人员的劳动报酬高于非国有企业就业人员。以2007年为例,国有部门和其他部门平均劳动报酬分别为26100元和16280元,国有部门平均劳动报酬远高于其他部门,就业人员从劳动报酬高的部门流向劳动报酬低的部门,当然会引起劳动份额的下降。但是随着非公有企业就业人员人数的增加和国有企业人员的减少,这种下降的作用有限。

政府支出对劳动份额的影响为正,但不具有显著性水平。这说明政府支出的增加有利于提高劳动份额。这可能是因为政府支出的一部分为转移支付,转移支付一般具有福利支出的性质,如社会保险、福利津贴、抚恤金、养老金、失业补助、救济金以及各种补助费,包括农产品价格补贴等补偿了劳动者收入。近年来,我国加大了社会保障支出的力度,1993年我国中央和地方用于社会保障的支出为 95.14 亿元,1999 年增加到 1194.44 亿元,2005 年增加到 3698.86 亿元。然而我国用于社会保障的支出虽然在绝对量上增加了,但占财政支出的比例并不高。2007 年,我国用于社会保障的支出占财政支出的比例为 10.9%,并且预算外资金没有用于社会保障的支出。社会保障等支出的比例限制了财政总支出对劳动份额的影响, 大量的行政管理成本的存在也限制了财政支出对劳动份额的提高,表现为回归系数不高。

经济全球化对我国劳动份额的影响为正,并在 10% 水平具有显著性,回归系数也不大。这可能是因为我国劳动力比较充足,主要出口劳动密集型产品,因而增加了对劳动的需求,使劳动份额上升。表 3.2 计算了我国 1995—2007 年我国进出口商品的结构。根据表 3.2 可以看出,1995—2002 年,我国出口劳动密集型产品的比例大于资本密集型产品;1995—2007 年整个时期进口资本密集型产品的比例大于劳动密集型产品。但是回归系数并不大,这可能与我国对外贸易结构的变化有关。2003—2007 年,我国出口资本密集产品的比例大于劳动密集型产品的比例,这样对劳动需求的拉动效应减少,而对资本的需求增加;进口资本密集型产品的比例一直高于劳动密集型,抑制了对资本的需求;两方面的作用相互抵消,表现为回归系数不大。

表 3.2　1995—2007 我国进出口产品结构

年份	IIM	CIM	IEX	CEX	年份	IIM	CIM	IEX	CEX
1995	28.56	52.95	58.34	27.22	2002	23.67	59.64	47.53	43.70
1996	29.19	52.49	56.23	29.25	2003	23.79	58.58	44.74	47.32
1997	29.28	50.62	57.39	29.51	2004	22.39	56.72	43.51	49.66
1998	28.73	54.91	55.89	32.95	2005	21.82	55.79	42.64	50.92
1999	27.38	56.42	54.27	35.50	2006	20.25	56.11	42.85	51.69
2000	24.97	54.26	51.78	38.00	2007	20.17	54.40	42.61	52.34
2001	24.10	57.12	49.42	40.68					

注:根据 1993—2010 年《中国统计年鉴》计算得出。劳动密集型与资本密集产品的分类参照《国际贸易标准分类(SITC)》;IIM、CIM、IEX、CEX 分别表示进口劳动密集型产品的比例、进口资本密集型产品的比例、出口劳动密集型产品的比例、出口资本密集型产品比例。

二元经济结构对我国劳动份额的影响为负，且在 1% 水平上具有显著性,显著性极高;回归系数很大,也是所有解释变量中回归系数最大的。这是因为我国第一、二、三产业之间存在很大的差异(见图 2.7),2007 年我国第一、二、三产业劳动份额分别为 94.8%、34.2%、40%。第一产业的劳动份额远高于第二、三产业劳动份额,所以当就业人员劳动份额高的第一产业转向劳动份额较低的第三产业时,会引起整体劳动份额的剧烈下降,表现为回归系数很大。这说明二元经济结构, 或者说经济结构在产业间的转移是 1995—2007 年我国劳动份额下降的主要原因。

总之,1995—2007 年面板数据估算的结果表明,引起我国劳动份额下降的原因有人均资本存量的增加, 就业人口的压力, 工会对职工利益保护不够,就业人口从体制内流向体制外、从劳动份额较高的产业流向较低的产业等。其中,就业人口的压力和就业人口在产业间的转移是主要因素。因此这一时期,我国劳动份额下降是经济发展中的必然趋势。但是体制内外劳动报酬的差异和工会作用的逆势,则主要是制度性因素。政府干预、经济全球化、劳动者受教育程度成为抑制劳动份额下降的因素,但是其作用有限。

(二)不同地区个体固定效应估计

由于我国经济存在着很大的区域差异, 因此劳动份额下降的原因也可能存在着区域差异。我们把 29 个省级单位分为东部地区、中部地区和西部地区,并分别建立面板数据对模型进行估计。鉴于个体固定效应模型更为有效,所以我们采用个体固定效应模型估计方法。东部地区包括北京、天津、河北、辽宁、上海、江苏、浙江、福建、山东、广东、海南 11 个省、直辖市,中部地区包括山西、内蒙古、吉林、黑龙江、安徽、江西、河南、湖北、湖南、广西 10 个省、自治区,西部地区包括四川、贵州、云南、陕西、甘肃、宁夏、青海、新疆 8 个省、自治区。回归结果见表 3.3。

表 3.3 的估计结果显示,分区域的面板数据与全国面板数据的估计结果相比,人均资本存量、工会组织、失业率、政府干预指标在方向上基本相同;劳动者受教育程度、市场竞争性和经济全球化不同。因此重点分析三项不同方向的解释变量。

劳动者受教育程度对劳动份额的影响,东、中、西部与全国估计结果有较大差异。在方向上,全国和东部估算结果均为正,而中西部地区为负;在显著性水平上,中部极其显著,东部在 10% 水平上具有显著性,西部的显著性水平最低;回归系数,中部地区大于东部和西部,均大于全国。这说明由于东部与中部和西部地区劳动者受教育程度对劳动份额的影响,因为方向不同存在抵消,因此就每一个区域来说都大于全国估算的结果。中、西部地区劳动者受教育程度对劳动份额的影响为负,意味着加大人力资本投资,不能提高劳动份额,反而会降低劳动份额。这可能是因为东部地区市场化程度较高,劳动报酬更多地受市场规律的变化,受教育程度的提高有利于提高劳动份额;而中西部地区劳动报酬更多受到制度性因素的影响,受教育程度的提高并不能带来劳动报酬的提高。

表 3.3　不同地区个体固定效应估计结果

解释变量	被解释变量:劳动份额(LS)		
	东部	中部	西部
LCAP	−1.11E−06(−6.60)***	−1.56E−06(−5.83)***	−7.17E−07(−2.18)**
EDU	0.012(1.78)*	−0.028(−2.74)***	−0.012(−1.33)#
UNP	−0.81(−2.57)**	−0.047(−0.077)	−0.31(−1.09)
UNI	−0.0077(−0.29)	−0.035(−0.84)	−0.0895(−2.03)**
MAR	0.037(0.98)	−0.36(−6.14)***	0.12(2.38)**
GOV	0.15(1.85)*	0.31(2.971)***	0.081(1.51)#
GOL	0.014(0.82)	−0.402(−2.54)**	−0.19(−1.95)*
DUA	−0.721(−3.73)***	−0.51(2.283)**	−0.93(−4.98)***
D–W 值	0.9366	1.0691	1.3156
修正的 R²	0.8226	0.8715	0.8436

注:括号内为 t 统计量;#、*、**、*** 分别代表 20%、10%、5%、1% 显著性水平。

市场竞争性对劳动份额的影响,在东部和西部地区为正,在中部为负;并且中部地区显著性水平极高,在1%水平上具有显著性,西部也具有很高的显著性水平,在5%水平上具有显著性。这可能是因为中西部地区市场化水平相对东部低,体制内外劳动报酬差距较大,体制内外就业人员的流动会更多地引起劳动份额的变化。尤其是中部地区是我国大型重工业集中的地区,体制内外劳动报酬差距较大,就业人员从劳动报酬高的企业流向劳动报酬低的会引起劳动份额的大幅度下降。

经济全球化对劳动份额的影响在东部为正,而在中部和西部为负;并且中部和西部的显著性水平和回归系数均高于东部。这可能是因为东部地区劳动密集型产品行业比较集中,其开放程度也最高,对外贸易的增加,引起了劳动力需求的上升,提高了劳动份额。而中西部地区,企业多为大型重工业,开放程度相对较低,出口对劳动力需求的拉动不大,并且以资本密集型产品和资源型产品行业出口为主,增加了对资本的需求,因而使劳动份额随着经济全球化而下降。

这说明劳动者受教育程度的提高,在东部会提高劳动份额;在西部却会降低劳动份额。市场竞争性的增强,在东部和西部地区会提高劳动份额;在中部却会降低劳动份额。经济全球化主要提高了东部地区的劳动份额,而降低了中部和西部地区的劳动份额。

(三)数据稳健性检验

为了评价回归结果的稳健性,需对截面回归方程的残差进行单位根检验。若截面残差不存在单位根,残存序列是平稳过程,则可避免参数的伪回归估计结果。进行面板残差单位根检验是基于面板数据的 AR(1)过程:

$$y_{it}=\rho_i y_{it}-1+X\delta_i+\varepsilon_{it} \tag{2}$$

式中:i 表示 N 个不同的横截面;t 表示 T 个不同的个体观测期;X 表示

模型中的外生变量,包括固定效应或面板各单位时间趋势;ρ_i 是回归系数,ε_{it} 满足独立同分布假设。如果 $|\rho_i|<1$,则序列 y_{it} 是弱平稳的;如果 $|\rho_i|=1$,则序列 y_{it} 包括单位根是不平稳序列,参数是伪回归估计。面板数据的单位根检验分为两类:一是相同单位根过程下的检验,其假定该参数对所有横截面都是相同的,主要有 LLC 检验;二是不同单位根过程下的检验,其假定参数 ρ_i 跨截面自由变化,主要有 LM 检验、Fisher-ADF 检验和 Fisher-PP 检验等。具体残存单位根检验结果见表 3.4。

表 3.4 显示,四种面板单位根检验结果大部分都在 10% 的显著水平上,都拒绝了残差存在单位根的原假设,因此可以认为对固定效应模型进行估计所得到的各截面残存序列不具有单位根,即面板残差是平稳的,模型的设定是合适的,估计结果具有稳健性。

表 3.4 面板残差单位根检验结果

		LLC 检验	LM 检验	ADF 检验	PP 检验
全国	检验统计量	−3.96419	−1.70392	72.4968	67.4083
	概率 P	0.0001	0.0442	0.0682	0.1413
东部	检验统计量	−3.21998	−1.592	28.5945	30.0731
	概率 P	0.0006	0.0557	0.0961	0.0687
中部	检验统计量	−2.89009	−1.46537	24.6388	24.1892
	概率 P	0.0019	0.0714	0.1352	0.1489
西部	检验统计量	−3.25042	−1.1048	20.6977	25.9987
	概率 P	0.0006	0.1346	0.0996	0.0259

三、主要结论

本节利用 1995—2007 年间各省数据,建立面板数据模型,以 8 项指标为解释变量,分析了各个变量对我国劳动份额的影响。又进一步对东、中、西部地区分别建立面板数据模型,分析各个变量对我国劳动份额影响的区域差异，并对数据的回归残差进行面板单位根检验，证明了估计结果的稳健性。总结计量结果，可以得出以下结论：

第一，1995—2007年我国劳动份额下降的主要原因有：人均资本存量增加、就业压力上升、工会议价能力逆向、市场化程度提高和二元经济结构。其中，就业压力增加和二元经济结构变化是引起劳动份额下降的主要原因。劳动者受教育程度、政府干预和全球化提高了劳动份额，抑制了劳动份额的下降。

第二，分区域面板数据与全国面板数据估计结果存在差异。其中人均资本存量、就业压力、工会议价能力、政府干预基本相同；而劳动者受教育程度、市场化程度和经济全球化三项解释变量存在较大差异。劳动者受教育程度的提高，在东部会提高劳动份额，在西部却会降低劳动份额；市场竞争性的增强，在东部和西部地区会提高劳动份额，在中部却会降低劳动份额；经济全球化主要提高了东部地区的劳动份额，而降低了中部和西部地区的劳动份额。

第三，1995—2007年，我国劳动份额下降是经济发展中的必然趋势，主要原因是我国产业结构从劳动份额很高的第一产业转向劳动份额较低的第二、三产业；同时，我国在经济社会转型阶段存在大量的剩余劳动力，劳动报酬被压在较低水平；体制之间劳动报酬的差距和工会作用的逆势则主要是制度性因素。

第三节　我国劳动份额的决定性因素分析

一、我国劳动份额的决定性因素的存在

改革开放以来,我国劳动份额经历了较大的变动,大致经历了三次上升和两次下降;劳动份额在区域间和产业间也发生了较大变动。然而在所有的变动中, 是不是存在一些基本的力量使劳动份额呈现出这样的变化而不是那样的变化? 笔者认为,这些基本的因素是存在的。

也有一些著名的经济学家表达了类似的观点,克拉克在他的《财富的分配》一书的序言中曾经这样论述:"实际的社会总是动态的社会,而这种社会中和我们关系最大的那个部分尤其是动态的。很明显的,到处都有变化和进步,产业社会不断呈现出新的形式并且执行着新的任务。由于这样不断演进的结果,今天的工资、利息标准是不一样的。但是,今天的正常标准是存在的。在所有的变动中,有一些力量在发生作用,使资本和利息在一个时间有了它所依据的标准。尽管海洋里风浪很大,但在波浪中有个理想的水平面,实际的水平面总是围绕这个理想的水平面而变动着。"①布拉弗也提道:"相对收入份额的任何变化都可能源于几种因素的平衡……在总量的情况下,对资本−劳动比率增长的抵消至少像取决于各种要素密集度的产品价格的变化以及这些产品的需求弹性。"②

---

① [美]克拉克:《财富的分配》,陈福生、陈振骅译,商务印书馆,2009年,第2页。

② [美]阿兰·J.布拉弗:《新古典主义分配理论》,载[美]阿西马科普洛斯(Asimakopulos,A.):《收入分配理论》,赖德胜等译,商务印书馆,1995年,第101页。

如果劳动份额的波动源于几种因素的平衡，也就是基本决定因素本身变化和基本决定因素力量变化的结果；那么找寻出这些基本因素，通过分析这些因素本身的变化和因素理论的变化便可以把握劳动份额演变的规律。把握了这些基本规律不仅可以对我国份额的未来发展趋势作出科学的预测，还可以提出提高我国劳动报酬的具体政策，实现我国经济和社会的和谐发展。

二、我国劳动份额的基本决定性因素

探究我国劳动份额基本决定性因素的方法有两个：一是理论推理。通过国内外劳动份额相关理论的比较分析，结合我国基本的实践判断，提出劳动份额的基本决定性因素。二是经验归纳。通过分析我国劳动份额演变，即上升和下降的原因，归纳和总结出我国劳动份额的基本决定性因素。本书已经沿着两条不同的路径进行了初步分析。第一章可以看作理论推理；第二章和第三章的前两节可以看作经验归纳，并初步形成了两个不同的约束集。下面我们通过对这两种路径结论的进一步分析和比较，寻找我国劳动份额的约束集。

（一）我国劳动份额基本决定性因素的理论推理

通过第一章对劳动份额理论的比较分析，可以看出，我国劳动份额制约因素体系既包括与西方经济体类似的因素，也包括我国转型期各种特殊的经济制度。其中，与西方经济体类似的因素有：劳均资本存量、劳动者受教育水平、全要素生产率、就业压力和工会的议价能力、市场竞争性、产业结构变化、技术进步、经济全球化、政府干预等。我国转型期特殊的经济制度特征包括：在资源配置制度上，从单一的计划经济向市场经济过渡，确立市场经济的基本模式;在所有制制度上,从单一的公有制到公有制为主体,多种所有制经济成分并存的所有制制度过渡,确立公有制为主体,多种所有制经济成分并存的基本经济制度;在分配制度上,从单一的劳动份额分配向按劳分配为主体、按劳分配与按生产要素份额相结合的分配制度的过渡,并确立了按劳分配为主体、按劳分配与按生产要素份额相结合的分配制度;在经济结构上,从城乡二元经济结构的形成、强化到二元经济体制逐步被打破,城乡二元经济体制依然存在的二元经济制度;并不健全的工资集体协议制度。

　　当然,文化因素也可能会影响劳动份额。有学者认为劳资双方对待工作、对待财富、对待责任的价值观在很大程度上影响着劳资关系与劳动报酬。[1]但是文化因素对劳动份额的影响可以通过政府政策和其它制度体现出来,并且不会对劳动份额起决定性作用。所以可以暂不考虑文化因素对劳动份额的影响。

　　劳均资本存量、劳动者受教育水平、全要素生产率、就业压力和工会的议价能力、市场竞争性、产业结构变化、技术进步等均属于劳动力市场的变化。因此从理论上分析,我国劳动份额的基本决定因素可以归纳为:劳动力市场、经济全球化、政府干预和转型期特殊经济制度。在这个决定性因素中,劳动力市场属于生产力方面;转型期的特殊经济制度属于生产关系层面;经济全球化是国际经济背景;政府干预属于非经济因素。

(二)我国劳动份额的基本决定性因素的经验归纳

　　通过第三章我国劳动份额上升原因的分析,可以看出 1978—1985 年我国劳动份额上升的原因主要是政府政策调整的结果。或者说,这一阶段的上升主要是政府政策的调整引起生产关系层面制度性变革的结果。2007—

---

　　[1]　参见胡靖春:《论美国社会价值观变迁对劳资关系与劳动报酬的影响》,《中国社会科学院研究生院学报》,2010 年第 6 期。

2009 年我国劳动份额上升的原因主要是政府政策调整、劳动力市场供求关系的变化、2008 年国际金融危机的影响。其中,2008 年国际金融危机的影响,可以看作经济全球化的一个具体表现。因此引起劳动份额上升的主要原因包括:政府政策、劳动力市场、经济全球化。

通过上节我国劳动份额下降原因的分析,可以看出引起我国劳动份额下降的因素有:人均资本存量增加、就业压力上升、工会议价能力逆向、市场化程度提高、二元经济结构。人均资本存量的增加和就业压力的上升,反映了劳动力市场供求关系的变化。市场化程度的提高和二元经济结构反映了我国基本制度的变迁。工会议价能力的逆向与我国工会行政化有关,反映了我国政府的基本政策。因此引起我国劳动份额下降的主要原因包括:劳动力市场、政府政策、转型期社会特殊的经济制度。

总结我国劳动份额上升和下降的原因,基本决定性因素可以归结为:政府政策、劳动力市场、经济全球化、转型期社会特殊的经济制度。而理论分析,我国劳动份额的基本决定性因素包括:劳动力市场、经济全球化、政府干预和转型期社会特殊的经济制度。其中,三种基本因素是相同的,区别在于是政府干预还是政府政策。

无论是政府干预还是政府政策,都共同体现了政府的作用。西方经济体,尽管在二战之后,政府干预的力度和规模都有所加大,但是市场经济体制一直在资源配置中起着基本的作用。政府干预更多地体现为对市场经济不完美的补充和改善,政府干预主要为间接的经济政策的干预,因此西方经济体用政府干预更为确切。而我国,一开始建立起的是高度集中的计划经济体制,改革开放之后逐步提出了市场经济体制改革的目标。在计划经济体制下,政府政策对劳动份额起着决定性作用。在市场经济体制下,相比西方经济体,我国政府政策发挥着更大的作用。首先,市场经济体制本身的建立是政府政策选择的结果,是在政府主导下,自上而下的资源配置方式的改革。

其次,我国确立的是具有中国特色的社会主义市场经济体制。最后,表现在干预的方式上,也采用间接的经济政策干预,但是行政性干预、直接的干预比西方经济体更多。因此在我国影响劳动份额的决定性因素中,政府政策比西方经济体的政府干预具有更加广泛的意义,使用政府政策作为我国劳动份额的基本决定性因素更符合我国社会的特征。

因此通过理论分析和经验归纳,我们可以认为我国劳动份额的基本决定性因素为:政府政策、劳动力市场、经济全球化、转型期社会特殊的经济制度。

三、决定性因素的变化

改革开放以来,我国劳动份额的变动趋势,体现了我国劳动份额的基本决定性因素的变化。这种变化表现为两个方面:其一,约束集的变化。在不同时期表现为不同的基本决定性因素,既可能是因素数量的增减,也可能是同一数量下不同因素的变化。其二,同一因素的变化。在不同时期,某一因素一直在起作用,或者这一因素本身发生了变化,或者是因素的地位发生了变化,大多情况是二者均发生了改变,从而使同一因素在不同时期发挥着不同的作用。

(一)约束集的变化

约束集的变化,表现为不同时期基本决定性因素的不同。如在计划经济时期,劳动份额的决定因素主要由政府政策和基本的制度来决定,受市场力量因素的影响很小。而在市场化改革之后,市场因素逐渐对劳动份额的影响发挥了更大的作用,特别是1992年我国确立市场经济体制改革的目标之后,市场成为基本的决定力量。

在经济开放之前,或者是在经济开放初期,经济全球化对我国劳动份额的影响也很有限,不是劳动份额的基本决定性因素。随着我国经济开放广度和深度的增加,特别是 2011 年进入 WTO 之后,经济全球化也成为我国劳动份额的基本决定性因素。

再如家庭联产承包责任制,在改革开放初期,对农民增收起了很大的作用,特别是对 1979 年劳动份额的提高起了很大作用,可以说家庭联产承包责任制是 1978—1985 我国劳动份额基本决定因素之一。然而 1985 年之后,虽然家庭联产承包责任制作为一种制度被固定下来,但是其后对劳动份额的影响很有限,并不是我国劳动份额的基本决定性因素。

(二)某个因素的变化

某个因素地位和作用的变化在政府政策的作用中表现得最为明显。在高度集中的计划经济体制下,在我国经济相对封闭的改革开放初期,政府政策对劳动份额的影响起着绝对主导性作用,或者在某种程度上说,劳动份额是政府政策的结果。这一点在改革开放之前我国劳动份额的演变中表现得更为明显,在改革开放之前,我国劳动份额的变动也比较剧烈,主要是我国政府政策变动的结果。

然而在改革开放之后,特别是在市场经济的基本资源配置制度确立之后,劳动力市场成为劳动报酬的基本决定力量,在劳动报酬的决定上,政府作用在下降,而市场力量在上升。特别是我国加入 WTO 之后,我国经济受国际经济的影响更大,政府的决定性因素进一步下降,劳动份额更多地受到市场变化和国际化因素等不可控因素的影响,并且政府政策本身在实行的过程中也受到市场机制的约束和国际经济形势的影响。

总体上说,政府政策对劳动份额的影响较改革开放之前和改革开放初期下降了。即便如此,由于我国特殊的制度和政府在经济中的重要作用,政府政策仍然是我国劳动份额的基本决定性力量，并且是一种非常重要的力量，政府在提高劳动份额中仍然有很大的政策空间。

（三）因素变化的不确定性和模糊性

以上我们归纳分析了劳动份额的基本决定性因素，并分析了决定性因素的两种变化。但是在现实社会中，因素本身表现出很大的不确定性，因素的变化也表现出很大的模糊性。

因素本身的不确定性表现在，很难在某个具体的时期，确定某种因素是否是劳动份额的基本确定性因素。劳动份额存在着多种约束力量，我们总结出的基本决定性力量是指在劳动份额的决定中起着重要作用的力量。但是这些力量本身无时无刻不在发生着变化，所以我们只能在一个时间段内大体上确定。如将市场经济作为一种基本的决定性力量，由于 1992 年是推行计划经济和市场经济的分水岭，所以我们可以大体确定市场经济作为基本力量是在 1992 年。但是市场经济劳动份额的一种约束力量在我国实行商品化改革之后便发挥了更大的作用。另外，虽然我国确立了经济体制改革的目标，但是市场经济体制并不会在较短的时间内建立起来。

劳动份额决定性因素的模糊性表现在，很难确定某个具体因素地位和作用的变化。因为劳动份额存在多个约束因素，这些因素不是互不干扰的，而是相互联系和相互影响的。某个因素地位和作用的变化可能是由于因素本身的变化，也可能是因其他因素力量的消长；而因素本身的变化也一定会引起其他因素的变化，因此很难区分是某个具体因素引起劳动份额的变动。

改革开放之后，转型成为我国经济社会发展的基本特征，各种政策和制度经历了深刻的剧烈变化，很多时候表现为体制的并存。如在劳动报酬决定机制上，体制内和体制外劳动报酬不同的决定机制；在城市居民和农村居民中仍然面对着不同的劳动力市场。这些变化和并存的体制使我国劳动份额的基本决定性因素表现出更大的不确定性和模糊性。

各种因素力量的消长需要一个积累的过程，基本决定性因素的变化也需要一个过程。因此，在一段时间内，某些基本的决定性因素是大体保持稳定的。把握这些基本的决定性因素，对我国政府未来政策的选择，及我国劳动份额未来趋势的发展仍然有着重要的意义。

小　结

本章首先分析了我国劳动份额上升的原因。1978—1985 年我国劳动份额的上升主要是政府政策调整的结果，2007—2009 年我国劳动份额的上升是政府政策、劳动力市场和 2008 年国际金融危机共同作用的结果。

其次，使用面板数据分析了 1995—2007 年我国劳动份额下降的原因。1995—2007 年我国劳动份额下降的主要原因有：人均资本存量增加、就业压力上升、工会议价能力逆向、市场化程度提高和二元经济结构。其中，就业压力的增加和二元经济结构的变化是引起劳动份额下降的主要原因。分区域面板数据与全国面板数据估计结果存在差异。劳动者受教育程度的提高，在东部会提高劳动份额，在西部却会降低劳动份额；市场竞争性的增强，在东部和西部地区会提高劳动份额，在中部却会降低劳动份额；经济全球化主要提高了东部地区的劳动份额，而降低了中部和西部地区的劳动份额。

最后，通过理论分析和经验归纳提出我国劳动份额的主要决定性因素为：政府政策、劳动力市场、经济全球化、转型期社会特殊的经济制度。分析了劳动份额决定性因素的变化。这种变化表现为两个方面：其一，在不同时期表现为不同的基本决定性因素；其二，同一因素在不同时期发挥着不同的作用，因素变化存在着不确定性和模糊性。

第四章　提高我国劳动份额的政策选择

第一节　目标选择——在发展中提高劳动份额

一、提高我国劳动份额的必要性及意义

根据第二章第三节中外劳动份额演变趋势的分析，我国劳动份额普遍低于发达国家，近几年也低于新兴工业化国家韩国和西班牙。虽然 2007 年之后，我国劳动份额重拾上升的趋势。根据《2011 年中国统计年鉴的数据》，我国 2010 年劳动份额为 45.01%，仍然处于较低的水平。提高劳动份额是民心所向，也是政府在收入分配领域里一项重要的政策目标。提高劳动份额具有极其重要的意义。

(一)提高劳动份额是实现共同富裕目标的要求

共同富裕是我国社会主义现代化建设的目标，也是社会主义的本质所在。邓小平指出："在改革中，我们始终坚持两条根本原则，一是以社会主义公有制为主体，一是共同富裕。……鼓励一部分地区、一部分人先富裕起来，也正是为了带动越来越多的人富裕起来，达到共同富裕的目的。"[①]他还指出："如果导致两极分化，改革就算失败了。"[②] 1996 年，江泽民在《为实现八七扶贫攻坚计划而奋斗》的讲话中指出："鼓励一部分地区、一部分人先富起来，先富带动和帮助后富，最终实现共同富裕，是我们既定的政策。这个政策不能变。"[③] 2001 年 7 月，在庆祝中国共产党成立八十周年大会上的讲话中他继续指出："通过一部分地区、一部分人先富起来，先富带动后富，逐步实现全体人民共同富裕。"[④]

然而在先富带动后富，实现共同富裕的过程中，收入差距却越来越大。图 4.1 显示了 1981—2009 年基尼系数的变化，1981 年我国基尼系数仅为 0.2897，1987 年超过了 0.3 达到 0.305，2000 年超过了 0.4(超过了警戒线)，2005 年超过了 0.45，到 2009 年达到 0.49。这说明我国从一个收入相对均等的国家转变为一个收入差距较大的国家，在先富的过程中，并没有实现共富的目标。也说明，改革开放的成果并没有做到全民共享，少数人获得了更多的成果。

劳动报酬过低是收入分配差距拉大的重要表现。我国劳动份额 2007 年为 39.74%，远低于发达国家，如美国(55.81%)、英国(54.5%)；也低于新兴工

---

① 《邓小平文选》(第三卷)，人民出版社，1994 年，第 142 页。
② 同上，第 64 页。
③ 《江泽民文选》(第一卷)，人民出版社，2006 年，第 549 页。
④ 《江泽民文选》(第三卷)，人民出版社，2006 年，第 294 页。

业化国家,如韩国(45.4%)。同时,我国劳动报酬增长率低于劳动生产率的增长,根据国家统计局1998—2007年数据,全部企业的劳动生产率提高了1.33倍,而同期职工工资仅提高了0.83倍。由于工资收入是大部分普通劳动者收入的主要来源,工资的增长速度落后于劳动生产率的增长,说明在我国经济发展过程中,普通劳动者享受到的经济发展成果越来越少。

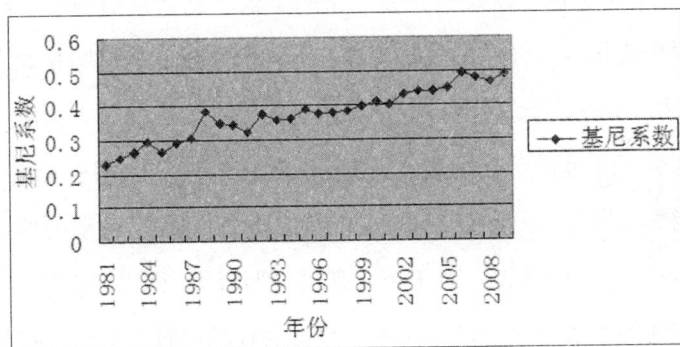

图4.1 1980—2009年我国基尼系数变化

因此,增加劳动报酬、提高劳动份额是缩小我国收入分配差距的关键,是实现我国共同富裕目标的必然要求。

(二)提高劳动份额是实现经济发展方式转变的要求

党的十七大提出加快转变经济发展方式,即促进经济增长由主要依靠投资、出口拉动向依靠消费、投资、出口协调拉动转变;由主要依靠第二产业带动向依靠第一、第二、第三产业协同带动转变;由主要依靠增加物质资源消耗向主要依靠科技进步、劳动者素质提高、管理创新转变。

2017年党的十九大报告提出"发展是解决我国一切问题的基础和关键,发展必须是科学发展,必须坚定不移贯彻创新、协调、绿色、开放、共享的发展理念。""我国经济已由高速增长阶段转向高质量发展阶段,正处在转变发展方式、优化经济结构、转换增长动力的攻关期,建设现代化经济体系是跨越关口的迫切要求和我国发展的战略目标。"[1]

提高劳动份额是提高劳动者报酬,实现共享理念的应有之义,是实现人民共享改革发展成果的有效途径。我国实行以按劳分配为主体的分配方式,劳动报酬是我国居民获取收入的主要来源。提高劳动份额是保证居民收入与经济增长同步,劳动报酬比例与经济效率增长一致的重要保障。

提高劳动份额也是建设创新型国家的要求。创新是引领发展的第一动力,是建设现代化经济体系的战略支撑。劳动份额过低是抑制企业自主创新的关键因素。首先,劳动份额过低使我国企业外无创新的压力。由于劳动份额过低,降低了企业的劳动力成本,使企业在没有创新的情况下仍然可以得到高额的利润,因此,企业并没有自主创新的压力。其次,劳动份额过低也使企业内无自主创新的动力。对于企业来讲,创新活动得以实施的最根本、最关键、最有效的激励因素是创新成本与收益的权衡比较。只有存在足够规模的收入以及消费者对高价格的新产品有购买支付的需求时,企业的研发活动等高级要素投入才能最终转化为创新活动的收益,才能从根本上激发、实现微观企业的创新活动。由于我国劳动份额偏低,抑制了中低收入阶层对高价格新产品的需求能力,因而减少新产品的市场规模,进而阻碍微观企业创新活动的盈利能力,使企业也没有内部创新的动机。

(三)提高劳动份额是构建社会主义和谐社会的要求

构建社会主义和谐社会是我国社会发展的目标。要构建社会主义和谐社会,必须协调劳动关系;协调劳动关系既是构建和谐社会的内容,也是构建和谐社会的基础条件,同时也是衡量社会和谐的重要尺度之一。

物质利益是劳资之间矛盾的焦点,马克思早就指出二者之间的利益对

---

① 习近平:《决胜全面建成小康社会夺取新时代中国特色社会主义伟大胜利——在中国共产党第十九次全国代表大会上的报告》,2017年10月18日,人民网:习近平系列重要讲话数据库。

立关系。他说:"工资和利润是互成反比的。资本的份额即利润越增加,则劳动的份额即日工资就越降低。利润增加多少,工资就降低多少;而利润降低多少,则工资就增加多少。"①

市场化改革以来,特别是近几年,劳资矛盾越来越突出。根据《2010 年中国劳动统计年鉴》历年劳资争议案件的数据,1996 年我国劳资争议案件为48121 件,到 2006 年增加到 317162 件,2008 年达到了 693465 件。一些企业劳资矛盾升级,引起了群体事件和社会事件的发生,如 2010 年本田员工集体罢工事件和年初富士康员工跳楼事件等。其中,劳动报酬案件数量逐渐上升,成为劳资争议的主要原因。2001 年,因劳动报酬原因的劳动争议案件达到 45172 件,占所有案件的比例为 37.67%,其比例远高于社会保险、变更劳动合同、解除劳动合同和其他原因引起的劳资争议案件数量,2008 年因劳动报酬原因引起的劳动争议案件上升到 247330 件。

由于我国的二元经济结构,劳动力人口比较充裕,市场经济和政府政策及劳动者自身素质较低等原因使劳动报酬被压在较低水平。劳动报酬被压低、拖欠等会影响到劳资者的基本生活,因此会引起劳动矛盾的激化,成为影响社会和谐稳定的主要因素。因此适当增加劳动报酬、提高劳动份额、保证劳动者的权益是缓解社会矛盾、构建和谐劳资关系和社会主义和谐社会的必然选择。

(四)提高劳动份额是实现人的自由而全面发展的要求

实现人的自由而全面发展是马克思主义发展观的核心内容,也是我国人的发展的核心目标。劳动份额偏低成为制约人的全面而自由发展的因素之一。

---

① 《马克思恩格斯选集》(第一卷),人民出版社,1995 年,第 353 页。

首先,劳动份额过低,劳动者收入偏低直接影响到劳动者基本的生存与发展需要。由于劳动者收入较低,为满足基本生活,有时企业强迫提高劳动强度或者延长劳动时间,使劳动者体力透支,部分劳动者患上了职业病,甚至导致劳动能力过早丧失。亚当·斯密早在200多年前就指出:"大多数人在连续几天紧张的劳动之后或体力劳动之后,自然会强烈地想要休息。除非受到暴力或者某种强烈的抑制,否则是几乎压制不住的天性要求。……如果依从这种要求,结果常是危险的,甚至致命的。"①

其次,劳动报酬过低,使劳动者不能支付继续教育的费用。我国大多数进城务工人员,工资收入除了基本生活需要之外,剩余的都寄回老家作为赡养老人、教育儿童和其他家庭基本支出的费用,无力继续接受教育和培训等。

最后,劳动报酬过低剥夺了享受更多消费服务的自由,过长的劳动时间也剥夺了劳动者享受闲暇的自由,而享受更多的闲暇是实现人自由而全面发展的必要前提。

因此提高劳动份额、增加劳动报酬,可以更好地满足劳动者基本生活需要,使劳动者可以支付更多的受教育费用,享受更多的闲暇和服务,为实现人的自由而全面的发展提高必要前提。

二、提高劳动份额的含义

(一)在增加值既定条件下提高劳动份额

统计学意义上的劳动份额,是指国民收入在分配中由劳动取得的部分,

---

① 〔英〕亚当·斯密:《国民财富的性质和原因的研究》(上),郭大力、王亚南译,商务印书馆,2002年,第76页。

即劳动报酬占 GDP 的比重。收入法核算的 GDP 分为劳动者报酬、生产税净额、固定资产折旧和营业盈余四部分。劳动份额为劳动报酬占 GDP 的比重，也就是劳动报酬占劳动者报酬、生产税净额、固定资产折旧和营业盈余总和的比重。

提高劳动份额也就是提高劳动报酬在 GDP 中的比重。从统计学意义上来讲，提高劳动份额可以理解为两个层面：一是静态下，即在 GDP 不变的情况下，通过改变比例关系，即提高劳动者报酬，或者减少生产税净额、固定资产折旧和营业盈余来实现。二是动态下，在 GDP 增加或减少的情况下提高劳动份额。可以表现为两种情况：第一，在 GDP 增加的情况下，劳动报酬增长快于生产税净额、固定资产折旧和营业盈余。第二，在 GDP 减少的情况下，劳动报酬减少的速度慢于其他部分。这样，我们可以得出统计学意义上提高劳动份额的三种途径：第一，在 GDP 减少的情况下，劳动报酬减少的速度慢于其他部分。第二，在 GDP 不变的情况下，提高劳动报酬，或者减少其它部分。第三，在 GDP 增加的情况下，劳动报酬增长快于其它部分。

在第一、第二种情况下的提高，属于非正常情况下劳动份额的提高。但是在国内外劳动份额演变史上确实发生过。如在我国改革开放前，1960—1963 年，我国人均 GDP 下降了 9.58 个百分点，而劳动份额却上升了 18 个百分点。加拿大在大萧条时期，劳动份额有了大幅度跃升，1926—1929 年，劳动份额的平均值为 55%，而在 1930—1934 年大萧条时期，这一份额的平均值达到了 68.4%，在萧条最严重的 1933 年，达到了 77.1% 的高峰值。非正常时期劳动份额的提高，仅仅表现为数字上的增长，并不能提高人民的生活水平，是我们应该避免的劳动份额提高的情况。

第三种情况下的增长，即在 GDP 增加的情况下，劳动报酬快于生产税净额、固定资产折旧和营业盈余。也就是在经济增长中，收入分配向劳动倾斜。如在改革开放初期，我国劳动份额快速增长。按照李扬的计算，我国劳动报酬占国民生产总值的比重 1978 年为 43.8%、1980 年增加到 50.9%,1985 年增加到 58.6%;同期国民收入分别为 3645.2 亿元、4545.6 亿元、9040.7 亿元。①这一时期不仅表现为劳动份额的上升,也表现为总体国民收入的上升,即在劳动份额上升的同时,居民可支配收入增加,生活水平提高。这种劳动份额的提高是在经济增长的前提下劳动份额的提高,是劳动报酬比重和劳动报酬总量同时提高,理应是我们追求的劳动份额的提高。

所以,提高劳动份额不能仅仅追求统计学意义上的数字的增加,还要看数字增加的实际意义,即人民生活水平是不是提高了,人民是不是得到了更多的实惠。我们提出提高劳动份额首先是劳动报酬比重和劳动报酬总量同时提高,即在经济增长中提高劳动份额,而不是以经济停滞和经济萎缩为代价。

(二)在经济增长中提高劳动份额

在经济增长中提高劳动份额,是指在经济稳步增长的前提下,劳动报酬总量和劳动份额同时提高,是动态的劳动份额的增长。在增长中提高劳动份额,要求提高劳动份额的具体措施不以经济增长的损害为代价,或者以较小的效率损失为代价。事实上,提高劳动份额的具体措施可能会损害经济增长,也可能会在损害经济增长的同时减低劳动份额。如提高最低工资标准,是很多学者认同的一种措施,也是各级政府普遍使用的一种措施。近年来,我国各地最低工资标准有了大幅度提高,如北京市从 2010 年 7 月 1 日起,最低工资标准从 800 元提高到 960 元,提高了 20%;从 2011 年 1 月 1 日起,最低工资标准从 960 元提高到 1160 元,提高了 20.8%。在二元劳动力市场下,最低工资标准的提高,可以增加劳动报酬,提高劳动份额。现实中,最低工资制度在提高劳动份额上也发挥了积极有效的作用。但是如果上调幅度过快

---

① 参见李杨:《收入功能分配的调整:对国民收入分配向个人倾斜现象的思考》,《经济研究》,1992 年第 7 期。

或者过大,超过了市场的承受能力,可能会损害经济增长,或者损害经济增长和降低劳动份额同时发生。

劳动报酬从收入分配上来说是劳动所得,对于劳动者来说当然是越多越好。但是劳动报酬对于企业来说首先是一种劳动力成本,劳动报酬的提高会引起企业劳动成本的增加。面对企业劳动力成本的增加,具有雄厚实力的企业如外商直接投资企业,可能会实现资本转移,将资本转移到劳动力成本较低的地区,以实现利润最大化。尤其是在经济全球化下,资本流动的成本减少,也为资本转移提供了更加便利的条件。吉利斯曾提到,电子和其他工业转移的最初受益者,是东亚的新兴工业化国家和地区,即韩国、中国台湾地区、中国香港和新加坡。随着韩国、中国台湾地区、中国香港和新加坡工资的提高,持续的成本压力使公司将他们的劳动密集作业从这些国家和地区迁到了亚洲工业不发达的国家,如马来西亚和泰国。[1]并且我国存在部分微利中小型劳动密集型企业,主要集中在木材加工业、木竹腾棕草制品业、纺织业、农副产品加工业、餐饮业、非金属矿物质制品业、纺织服装鞋帽制造业、造纸及纸制品零售业八个行业。这些企业本身利润空间较小,劳动报酬的提高将会增加劳动力成本,可能使这些企业成为无利企业或者亏损企业而倒闭。

这些企业的转移或者倒闭首先会影响我国的经济增长。更为重要的是,无论是外商直接投资企业还是国内的微利企业,这些企业大部分是劳动密集型企业,它们为广大劳动者提供了很多就业机会,吸纳了大量的劳动力,它们的转移或者倒闭将会引起我国劳动力市场供求关系的变化,使失业率上升,可能会出现劳动份额上升而劳动报酬总量下降,严重的话会导致劳动份额与劳动报酬均下降。

---

① 参见[美]吉利斯、波金斯登:《发展经济学》,黄卫平译,中国人民大学出版社,1998年,第4~5页。

因此,提高最低工资标准一般会提高劳动份额;但是过快提高会损害经济增长,超过一定限度会使损害经济增长和劳动份额下降同时发生。合适的措施是适度、平稳地提高最低工资标准。提高最低工资标准的其它措施,如加大财政支出也会发生类似的情况。

虽然经过新中国成立以来特别是改革开放以来的不懈努力,我国取得了举世瞩目的成就,中国特色社会主义进入新时代,但我国仍处于并将长期处于社会主义初级阶段的基本国情没有改变。尽管我国 GDP 总量位居全球第 2 位,但人均 GDP 排名并不靠前。2018 年世界人均 GDP 为 11297 美元,我国为 9771 美元[①],还不到世界平均数值。因此经济增长仍然是我国社会追求的基本目标,它也是经济发展的基本动力,是一切经济进步的首要物质条件。所以对于我国来讲,应在经济增长中提高劳动份额。

在经济增长中提高劳动份额,要求提高劳动份额的各项措施既要考虑到其对劳动份额的积极影响,也要考虑到有可能的效率损失,使公平或者效率兼顾,或者 c 较小的效率损失换来更大结果的公平,避免既无效率也无公平的措施。

(三)在经济发展中提高劳动份额

经济增长虽然对我国有着特别重要的意义,但是经济增长仅仅是指,一个国家或地区在一定时期内,由于生产要素投入的增加或效率的提高等原因,经济规模在数量上的扩大,[②]并不包含经济质量的增长,可能会出现无经济发展的经济增长。在《1996 年人类发展报告》中,世界银行提出了五种有增长而无发展的状况:无工作的增长(jobless growth)、无声的增长(voiceless

---

① 国家统计局:国家主要经济指标:人均国内生产总值,http://www.stats.gov.cn/tjsj/ndsj/2019/indexch.htm。

② 参见洪银兴:《发展经济学与中国经济发展》,高等教育出版社,2005 年,第 12 页。

growth)、无情的增长(ruthless growth)、无根的增长(rootless growth)、无未来的增长(futureless growth)。这些经济增长突出说明了经济增长的片面性。人们开始追求更加广泛而全面的目标——经济发展。

经济发展除了包含经济增长的目标之外,还有更加广泛的目标,往往可被定义为:发展=增长+……经济发展至少包含以下几层含义:第一,经济数量的增长和规模的扩大;第二,经济结构和消费结构的变化;第三,摆脱贫困、公平分配,以增加社会福利;第四,经济增长的可持续性,避免对资源的滥用和环境的污染。吉利斯提出:"经济发展,除了人均收入的提高外,还应含有经济结构的根本变化。其中两个最重要的结构性变化是,在国民产值中随农业比重的下降而工业比重上升,以及居民在城市人口中百分比的上升。……消费结构也会发生变化,人们不再将全部收入花在购买必需品上,而是逐步转向购买耐用消费品,最终转向休闲产品和服务的消费。"他还指出:"经济发展的关键因素,是人民必须是这一过程的主要参与者……参与发展过程,意味着享受发展带来的利益,并且参与这些利益的生产过程。如果增长在国内外只是极少数人收益,那就不是发展。"[①]

由于经济发展比经济增长包含了更加丰富的内涵,因此在经济发展中提高劳动份额,也拥有更加丰富的内涵和更高层次的目标。经济发展中劳动份额的提高,不仅要以经济增长为前提,还要以经济结构优化、经济可持续增长、公平分配等为前提。因此在经济发展中提高劳动份额,要求提高劳动份额的各项措施,不仅要有利于经济增长,还要有利于经济结构优化和经济可持续增长等其他目标。

(四)在发展中提高劳动份额

经济发展虽然比经济增长有着更丰富的内涵,但是局限在经济领域,侧

---

① [美]吉利斯、波金斯登:《发展经济学》,黄卫平译,中国人民大学出版社,1998年,第7页。

重于经济方面的发展。有不少学者把发展的概念拓展到其他领域,不仅仅在经济学意义上阐述发展。缪尔达尔将发展看作全部社会体系的向上运动。联合国前秘书长吴丹将发展概括为"经济增长+社会变革"。迈克尔·托达罗将发展定义为:整个社会或社会体系向着更加美好和更加人道的生活持续前进。[①]库兹涅茨认为:"一个国家的经济增长,可以定义为向它的人民供应品种日益增加的经济商品的能力的长期上升,这个增长中的能力,基于改进技术,以及它要求的制度和意识形态的调整。"[②]阿玛蒂亚·森将发展看作扩展人们享有的真实自由的一个过程,而那些将发展视为国民生产总值增长或个人收入提高、工业化、技术进步、社会现代化等观点只是狭隘的发展观。自由不仅是发展的目的,还是发展的手段。[③]

胡锦涛在党的十七大报告中提出了科学发展观,是关于发展的重要思想的继承和发展,是马克思主义关于发展的世界观和方法论的集中体现。科学发展观的第一要义是发展,核心是以人为本,基本要求是全面协调可持续,根本方法是统筹兼顾。科学发展观的发展是以人为本、全面协调可持续的科学发展,是各方面事业有机统一、社会成员团结和睦的和谐发展,是既通过维护世界和平发展自己,又通过自身发展维护世界和平的和平发展。科学发展观的发展有三层含义:第一,指经济发展。全面协调、可持续等主要是指经济层面。第二,指和谐发展。集中体现在对内和谐,对外和平的"双和"目标。第三,指人的发展。突出人的主体性,把人的全面发展作为经济社会发展更高的目标。可以说,科学发展观既体现了结构、体系等指标,也体现并提升了自由的目标,突出人的主体地位,强调人的全面而自由的发展。

在发展中提高劳动份额即在科学发展观的指导下提高劳动份额,包含

---

① 参见高波、张志鹏:《发展经济学——要素、路径与战略》,南京大学出版社,2008年,第17页。

② 《诺贝尔经济奖金获得者讲演集》,中国社会科学出版社,1986年,第97页。

③ 参见[印度]阿玛蒂亚·森:《以自由看待发展》,任赜、于真译,中国人民大学出版社,2002年,第1~2页。

了在经济发展中提高劳动份额的含义,并增加了新的内涵。这些内涵首先包含了对内构建社会主义和谐社会和对外追求和谐世界的目标上;更为关键的是包含了以人为本的理念,突出了人的主体地位。长期以来尤其是资本主义社会建立之后,在经济增长和经济发展中忽视了人的主体地位,因而造成了人的发展的片面性和工具性,使经济增长和经济发展偏离了经济增长和经济发展原本的目标——人的发展。

在科学发展观的指导下提高劳动份额。首先,要坚持在经济发展中提高劳动份额。经济发展是人的自由而全面发展的前提。其次,需要拓宽劳动报酬的含义。劳动报酬既包括物质报酬也包括精神报酬;既要体现劳资分配中劳动报酬的增加,也要体现劳动者闲暇时间的增加;既要体现在物质上劳动报酬比重的提高,也要体现在政治上劳动者劳动地位的提高。再次,在科学发展观指导下提高劳动份额,要求以人的全面发展为目标提高劳动份额,提高劳动份额的各项措施应该有利于人的自由而全面的发展。最后,要体现和谐世界的理念。进入经济全球化后,劳动份额呈现了在发达国家上升,在发展中国家下降的趋势。发展中国家劳动份额的下降,固然有国内的因素,但也受国际分工体系等国际经济规则的影响。因此要体现和谐世界的理念,不仅需要变革国内的相关体制,还要努力实现国际经济秩序的变革。

以上分析了提高劳动份额的四层含义:在统计学意义上提高劳动份额、在经济增长中提高劳动份额、在经济发展中提高劳动份额、在发展中提高劳动份额。其中,每后一层含义比前一层含义有着更加丰富的内涵,内涵的增加,缩小了外延的范围。党在十七大报告和政府"十二五"规划中提出的提高劳动份额的目标,理应含义更丰富,层次更高,即在科学发展观指导下的提高劳动份额。党的十九大提出,中国特色社会主义进入新时代,我们社会主要矛盾转化为人民日益增长的美好生活需要和不平衡不充分发展之间的矛盾。满足人民日益增长美好生活的需要对提高劳动份额提出了更高的要求。

人民对美好生活包涵了人民在经济、政治、文化、社会、生态等方面的需求。提高劳动份额也应在五位一体的约束下实现。即:在高质量发展中,提高劳动份额;不仅提高物质报酬还要提高精神报酬;不仅要提高劳动报酬,还要体现以人民为中心的发展思想,提高人民群众的获得感和幸福感。

第二节　政府在提高劳动份额中的作用

政府是指一个国家的统治机构,为维护和实现特定的公共利益,按照区域划分原则组织起来的,以暴力为后盾的政治统治和社会管理组织;是国家公共行政权力的象征、承载体和实际行为体。广义的政府是指国家的立法机关、行政机关和司法机关等公共机关的总和;狭义的政府仅指国家行政机关。一个国家的政府又可以分为中央政府和地方政府。不仅是行政机关,包括立法机关、司法机关等公共机关,甚至与政府权力有关的事业单位、垄断性公司也会对劳动份额产生影响,因此在分析政府在提高劳动份额中的作用时,本书使用广义政府的含义。

一、政府对劳动份额的影响——理论分析

(一)政府是决定劳动份额的重要力量

1.政府是政策的制定者和执行者

政府是各种制度的制定者和政策的制定者与执行者。政府的决策建立在权力的普遍性和强制性的基础上,因此决策本身具有强制性、公共性和普

遍性,无论是立法、司法、行政都具有这样的特征。①因此政府政策对整个社会产生普遍性的影响,也会影响劳动份额的变化。特别是收入分配制度和收入份额政策的变化会更直接地影响劳动份额的变化。

综观新中国成立以来劳动份额的演变趋势,可以看出,劳动份额的演变极大地受到政府政策的影响。改革开放之前,劳动份额的变动基本上是政府政策调整的结果;改革开放之初我国劳动份额的上升主要得益于政府政策的变化,而 2007 年劳动份额的上升,政府政策也起了重要的作用。

2.政府是公共经济的主体

尽管伴随着改革开放,公共经济主体呈现多元化,但是政府仍然是公共经济的主体之一,并且在各主体中居于主导地位,起着主导作用。

政府作为公共经济主体对劳动份额的影响,首先体现在政府是公务员和事业单位及一些国有企业单位劳动报酬标准的制定者。政府对公务员加薪,意味着公务员劳动报酬提高,事业单位和一些国有企业也会参照公务员标准相应地提高劳动报酬,因此政府政策可以影响部分人员的劳动报酬,引起劳动份额的变化。其次,政府消费也是市场消费的一个重要组成部分。政府消费和投资的变化会引起市场需求的变化。政府消费的扩大会引起相关领域内市场需求上升,从而增加各领域的投资需求和劳动力需求,提高劳动份额;政府投资也会引起类似需求的上升,引起政府投资领域内劳动力需求的上升,使劳动份额提高。

3.政府干预市场经济

政府对市场经济的干预主要通过财政政策、货币政策、收入政策等来实现,而政府的财政政策及政府收入和政府支出会对劳动份额产生直接影响。

政府收入和劳动报酬、资本所得存在此消彼长的关系。按照收入法国内

---

① 参见黄恒学:《公共经济学》,北京大学出版社,2009 年,第 65 页。

生产总值的定义,其被分为四个部分:劳动者报酬、生产税净额、固定资产折旧和营业盈余。劳动者报酬为劳动所得,生产税净额为政府所得,固定资产折旧和营业盈余为资本所得,从而形成劳动、资本和政府之间的初次分配结果。政府作为收入份额的一个主体,政府所得的变化会引起劳动所得的资本所得变化。政府收入包括预算内收入、预算外收入,还应包括制度外收入(或者体制外收入),是指不纳入财政收入,即预算内收入和预算外收入管理的各种基金、集资和各类行政性收费。这类收入不规范,缺乏监督。此类收费的增加会直接引起劳动者所得的下降,从而引起劳动份额的下降。

政府支出也会影响劳动份额的变化。一般来说,政府支出的增加会提高劳动份额,如我国的农业补贴、社会保险、社会福利的支出主要面向普通民众,提高了劳动者的报酬。这一结论也得到了经验支持。张全红使用财政支出、周扬波使用政府支出作为政府作用的代理变量,得出了类似结果,即财政支出和政府支出对劳动份额的影响为正。[1]另外,政府的货币政策及其他政策也会对劳动份额产生影响,如通货膨胀一般会引起劳动份额的下降。

总之,政府作为公共政策和制度的制定者、作为公共经济主体,以及政府干预市场经济的活动都会对劳动份额产生影响。

(二)政府对劳动份额影响的不同方面

政府对劳动份额的影响表现为不同的方向。作为公共利益的代表,政府对劳动份额的影响为正。从法理上来讲,我国政府是人民的政府,是公共利益的代表。政府会加强对普通民众的保护,追求收入公平等公共目标,因此政府行为会提高劳动份额。

---

① 参见张全红:《我国劳动收入份额影响因素及变化原因——基于省际面板数据的检验》,《财经科学》,2010年第6期;周扬波:《利益分配失衡框架下我国劳动收入份额变动的影响因素分析——基于1997年~2008年省际面板数据的检验》,《经济经纬》,2010年第6期。

　　但是作为公共利益代表的政府是一个抽象的实体。在现实中,政府由具体的政府官员组成。一方面,受制于我国政府的总体目标,官员会追求公共利益;另一方面,政府官员也是人,也会有自己特定的利益和目标。当官员过多地追求个人利益、部门利益的时候,会发生公共目标的偏离,这样政府行为可能会对劳动份额产生负面影响。政府官员一般以追求政绩为主要个人目标,而我国长期以来以 GDP 为主要的政绩考核标准,因此"政府在制定经济政策和制度创新时更多地向企业倾斜,而忽视对劳动者权益的保障"[1],或者"过于偏重经济增长而忽视了收入均等的目标和公共服务的提供"[2]。这些都会引起劳动份额的下降。

　　政府官员有时会直接追求私人经济利益,集中地表现为我国体制外收入,即高收费、乱收费、乱摊派的增加。2011 年 4 月 1 日,《经济半小时》栏目播出节目《广东高速路收费再追踪》,曝光广州华南快速一期 300 米主干线收费 3 元;两处公路收费站收费期限达 50 年,远超最长不得超过 30 年的国家规定,省政协委员多次反映无下文。[3]这些收费既增加了运用者的成本,也挤占了普通劳动者的收入,而在农村存在的很多乱摊派和乱收费直接挤占了农民的收入。

　　因此,我国政府对劳动份额的影响可能表现为两个不同的方面,在实践中,政府对劳动份额的影响要看两种相反力量的大小,其作用的发现和大小有待于经验的验证。

---

　　[1]　韩金华、李忠华、白子芳:《改革开放以来劳动报酬占初次分配比重演变轨迹原因及对策研究》,《中央财经大学学报》,2009 年第 12 期。

　　[2]　陆铭:《劳动收入占比下降:为什么? 怎么办? 》,《上海证券报》,2008 年 9 月 9 日。

　　[3]　《央视曝光高速公路收费乱象:部分收费期限达 50 年》,http://news.sina.com.cn/c/2011-04-02/002822225117.shtml。

(三)政府对劳动份额影响的地位变化

改革开放之前和改革开放初期,政府是劳动份额的主要决定者,是劳动份额决定因素的主导者,居主导地位。从某种程度上说,在我国改革开放之前和改革开放之后,劳动份额的变化主要源于政府政策的变化。而在改革开放中后期,以 1992 年我国确立市场经济体制改革的目标和 2011 年我国加入 WTO 为标志,政府对劳动份额的影响逐渐下降,市场因素和经济全球化对我国劳动份额的影响因素上升,劳动份额的决定呈现更加复杂的态势。

政府地位的变化主要源于政府体制本身的改革。改革开放之后,政府从"全能政府"向"有效政府"转变,市场成为资源配置的方式,劳动报酬和劳动份额主要受制于劳动力市场的变化;另外政府干预经济的方式也发生了变化,从以行政手段为主转向以经济手段和法律手段为主,从直接为主转向间接为主,客观上还更多的权力给予市场和社会。因此政府对劳动份额的影响下降,这种下降是符合我国改革方向的。

政府地位的变化也源于外部市场环境的变化。伴随着我国改革开放的进程,我国主动地融入了全球化进程,特别是 2011 年加入世界贸易组织之后,全球化因素对我国劳动份额的影响上升。首先,国外资本的进入,改变了我国劳动力市场,使劳动力市场供求关系发生变化;其次,政府对市场的干预也更多地受到国际因素的制约。政府干预经济的政策受到国际规则的制约,政策本身的执行甚至制定也受到国际资本的影响。因此政府对劳动份额的影响下降。

改革开放以来,由于市场化改革和开放进程,我国劳动份额的决定性因素和各因素的力量发生了变化,政府对劳动份额的影响下降。然而由于政府所独有的特征——具有暴力潜能,其政策具有强制性和普遍性,所以政府仍然对劳动份额会产生很大的影响。

二、政府对劳动份额的影响——经验分析

(一)模型设置、指标选择和数据来源

为了研究政府对我国劳动份额的影响，我们可以根据第一章第三节劳动份额制约因素的理论分析，构建一个计量模型：

$$LS_{it}=a_1+b_1GOVR_{it}+b_2GOVE_{it}+b_3UNP_{it}+b_4EDU_{it}+b_5UNI_{it}+b_6LCAP_{it}+b_7MAR_{it}+b_8DUAL_{it}+b_9GOL_{it}+\varepsilon_{it}$$

(4.1)

式中：i 为截面单位(各省)，t 为不同的时期(t=1，2，…，T)。a 为面板数据中的截距项，b_1、b_2、b_3、b_4、b_5、b_6、b_7、b_8 为待估计参数向量，为随机误差项。LS 表示劳动份额，为模型的被解释变量；GOVR(Government Revenue)表示政府收入，GOVE(Government Expenditure)表示政府支出，为模型的解释变量；UNP(Unemployment)表示就业压力，EDU(Education)表示劳动者的受教育程度，UNI(Union)表示工会的议价能力，LCAP(Labor Capital)表示人均资本存量，MAR(Market)表示市场化程度，DUA(Dual)表示二元经济的发展水平，GLO(Globalization) 表示全球化程度，为模型的控制变量。

LS 用劳动报酬除以劳动者报酬、生产税净额、固定资产折旧和营业盈余之和计算得出。GOVR 用一般预算收入和预算外收入之和计算得出，由于使用省际数据，不包含中央政府的收入，而中央政府的收入比重大，其收入超过了地方财政收入之和，因此应该把中央收入按照一定的比例加到各省。鉴于收入与各省的生产总值存在一定程度的正向关系，故用地区生产总值/国内生产总值为权重，把中央政府的收入分到各省。预算外收入没有分省的统计数据，各省的预算外收入也使用当年全国预算外收入乘以地区生产总值/国内生产总值的权重计算得出。各省政府收入的运算公式为：

政府收入=一般预算收入+(地区生产总值/国内生产总值)*(中央财政收入+全国预算外收入)　　　　　　　　　　　　　　　　(4.2)

GOVE 用一般预算支出和预算外支出之和计算得出。为了保持数据的一致性,政府支出使用运算公式:政府支出=一般预算支出+(地区生产总值/国内生产总值)*(中央财政支出+全国预算外支出)　　　　　　(4.3)

UNP 用城镇登记失业率表示;EDU 用劳动者受教育程度平均受教育年限表示,平均受教育年数的计算式为:

EDU=6d₁+9d₂+12d₃+16d₄　　　　　　　　　　　　　　　　(4.4)

其中 d_1、d_2、d_3、d_4 表示在劳动者的文化程度是小学、初中、高中及大专以上人口所占的比重;UNI 用就业人口加入工会的比率表示;LCAP 用资本存量除以从业人数计算得出,1993—2000 年的资本存量数据来源于张军、吴桂英、张吉鹏,[①]该数据基年为 1952 年,其计算方法为永续盘存法,2001—2009 年的数据同样根据永续盘存法推算得到;MAR 用非公有单位占就业人口的比例表示;DUA 用第二和第三产业的从业人数占总从业人数的比重表示;GLO 用各地区按境内目的地和货源地分商品进出口额占 GDP 的比重来度量,由于统计年鉴中进出口数值是以美元表示,因此本书按照每年美元兑换人民币汇率的平均值将各年进出口数值换算成人民币。

原始数据来源于 1994—2010 年的《中国统计年鉴》,1994—2010 的《中国劳动统计年鉴》《中国人口和就业统计年鉴》,各省统计年鉴,《新中国六十年统计资料汇编》《中国国内生产总值核算历史资料:1952—2004》。我们收集了中国 29 个省级单位 1993—2009 年间的数据, 由于西藏有部分数据缺失,因此在研究中剔除西藏;同时为保持数据的连贯性,把重庆的数据放到四川省一并计算。

---

① 参见张军等:《中国省际物质资本存量估算:1952—2001》,《经济研究》,2004 年第 10 期。

(二)计量结果及解释

对于劳动份额的计量模型,主要采用三种方法来估计。首先,采用面板数据的混合效应模型估计,估计结果见表 4.1 的第 1 列。结果显示,政府收入对劳动份额的影响为负,政府支出对劳动份额的影响为正,并都在 1% 水平上具有显著性。其次,采用面板数据的个体固定效应和随机效应模型来分别估计,估计结果见表 4.2 的第 2 列和第 3 列。由第 2 列的结果可以看出,当使用个体固定效应模型时,政府收入对劳动份额的影响为负,并在 5% 水平上具有显著性;政府支出对劳动份额的影响为正,并在 1% 水平上具有显著性。当使用随机效应模型时,第 3 列显示,政府支出对劳动份额的影响为负,并在 10% 水平上具有显著性;政府支出对劳动份额的影响为正,并在 5% 水平上具有显著性。三种估计结果在政府对劳动份额的影响作用方向上是一致的,即政府收入对劳动份额的影响为负,政府支出对劳动份额的影响为正。但系数和显著性水平并不一致,因此需要比较哪种估计方法更适合。

与混合估计模型相比,个体固定效应模型是一个无约束模型,修正的 R2 和 D–W 值都较高,通常采用受约束 F 检验和 X^2 检验。

原假设 H0:个体的模型截距项和系数项都相同(混合效应模型)。

备择假设 H1:个体的模型截距项不同和系数项都相同(个体固定效应模型)。

$$F\frac{(R^2_{ur}-r^2_r)/x_2}{(1-R^2_{ur})/x_1}==18.36 \qquad X^2=2(LR_{ur}-LR_r)=268.5804$$

式中:R2$_{ur}$ 和 R2$_r$ 分别为个体固定效应模型和混合效应模型估计的确定系数,x_1 和 x_2 分别为混合效应模型的自由度和个体固定效应模型的自由度;LR$_{ur}$ 和 LR$_r$ 分别为个体固定效应模型和混合效应模型估计结果的对数极大似然函数值。由于 $F=18.362548>F_{0.01}(28,455)=1.766562$,$X^2=268.5804>X^2_{0.01}$

（28）=48.278235,所以拒绝原假设,个体固定效应模型估计优于混合效应模型。随机效应和个体固定效应相比,通过 Hausman 检验可知:X^2=18.36>$X^2_{0.05}$（9）=16.92 也拒绝了原假设。因此个体固定效应模型估计最为有效。

表 4.1　不同方法对模型的估计结果

解释变量	被解释变量:劳动份额（LS）		
	混合估计	个体固定效应	随机效应
GOVR	−0.54***（−5.37）	−0.17*（−1.79）	−0.21*（−1.651）
GOVE	0.13***（3.16）	0.14***（2.84）	0.13**（2.10）
LCAP	1.1E−07*（1.75）	2.9E−07***（5.53）	1.3E−07*（1.94）
UNI	−0.096***（−6.15）	−0.09***（−6.52）	−0.1***（−5.951）
UNP	0.37*（1.77）	−0.17（−0.98）	−0.37#（−1.58）
EDU	0.00058（0.31）	0.004*（1.68）	0.0065**（2.17）
DUA	−0.36***（−9.88）	−0.91***（−12.95）	−0.69***（−9.95）
MAR	−0.03*（−1.89）	−0.004（−0.24）	−0.03#（−1.41）
GLO	−0.004（−0.65）	−0.01#（−1.31）	−0.0079（−0.79）
D−W 值	0.3971	0.8041	0.6550
修正的 R^2	0.5788	0.7900	0.5309
Hausman 检验	X^2=20.73>$X^2_{0.05}$（9）=16.92		

注:括号内为 t 统计量:#、*、**、***分别代表 20%、10%、5%、1% 显著性水平

根据个体固定效应模型的估计结果,政府收入对劳动份额的影响为负,并有较高的显著性水平。这是因为在 GDP 一定的条件下,政府所得、资本所得、劳动所得存在此消彼长的关系。政府收入的增加,必然挤占资本所得或劳动所得,具体要看资本和劳动者在议价中的能力和地位。一般来说,相对于资本,劳动者处于弱势。我国特殊的二元经济结构和经济全球化加剧了劳动者的弱势地位。而经济全球化加速了资本流动性,也使资本的联合更加容易,使劳动者处于更加弱势的地位。同时,地方政府追求 GDP 增长,政府政策侧重于招商引资而不是对劳动者的保护。这些都使政府收入增加时劳动份额更容易受到加压,导致劳动份额下降。

政府支出对劳动份额的影响为正,具有极高的显著性水平,这说明,政府支出的增加有利于提高劳动份额。这与张全红、周杨波、Diwan、Hrrison 等人结论相同。[①]这是因为政府支出的一部分为转移支付,转移支付一般具有福利支出的性质,如社会保险、福利津贴、抚恤金、养老金、失业补助、救济金以及各种补助费,包括农产品价格补贴等补偿了劳动者收入。近年来,我国加大了社会保障支出的力度,1993 年我国中央和地方用于社会保障的支出为 95.14 亿元, 到 1999 年增加到 1194.44 亿元,2005 年增加到 3698.86 亿元,2009 年增加到 7606.68 亿元。

政府收入和政府支出对劳动份额会带来两个不同方向的影响,而就回归系数来说,政府收入的回归系数高于政府支出的回归系数,也就是说增加 1% 的政府收入,同时增加 1% 的政府支出会降低劳动份额。事实上,由于行政管理成本的存在,增加 1% 的政府收入并不能增加 1% 的政府支出,因此政府对我国劳动份额的影响总体为负。

(三)数据稳健性检验

为了评价回归结果的稳健性, 需对截面回归方程的残差进行单位根检验。若截面残差不存在单位根,残存序列是平稳过程,则可避免参数的伪回归估计结果。进行面板残差单位根检验是基于面板数据的 AR(1)过程:

$$y_{it} = \rho_i y_{it} - 1 + X\delta_i + \varepsilon_{it} \tag{2}$$

式中:i 表示 N 个不同的横截面;t 表示 T 个不同的个体观测期;X 表示模型中的外生变量,包括固定效应或面板各单位时间趋势;ρ_i 是回归系数,ε_{it}

---

① 　参见张全红:《我国劳动收入份额影响因素及变化原因——基于省际面板数据的检验》,《财经科学》,2010 年第 6 期;周扬波:《利益分配失衡框架下我国劳动收入份额变动的影响因素分析——基于 1997 年~2008 年省际面板数据的检验》,《经济经纬》,2010 年第 6 期;Ishac Diwan,Debt as Sweat:Labor,*Financial Crises,and The Globalization of Capital*,Mimeo,The World Bank,2001;Ann E. Harrison,*Has Globalization Eroded Labor's Share? Some Cross-Country Evidence*,UC Berkeley,2002.

满足独立同分布假设。如果|ρ_i|< 1,则序列 yit 是弱平稳的;如果|ρ_i|=1,则序列 y$_{it}$ 包括单位根,是不平稳序列,参数是伪回归估计。面板数据的单位根检验分为两类:一是相同单位根过程下的检验,其假定该参数对所有横截面都是相同的,主要有 LLC 检验;二是不同单位根过程下的检验,其假定参数 ρ_i 跨截面自由变化,主要有 LM 检验、Fisher-ADF 检验和 Fisher-PP 检验等。具体残存单位根检验结果见表 4.2。

表 4.2　面板残差单位根检验结果

		LLC 检验	LM 检验	ADF 检验	PP 检验
全国	检验统计量	−3.01702	−2.56432	89.0499	81.3187
	概率 P	0.0013	0.0052	0.0054	0.0234

表 4.2 显示,所有面板单位根检验结果全部在 5% 的显著水平上都拒绝了残差存在单位根的原假设,表明面板残差是平稳的,模型的设定是合适的,估计结果具有稳健性。

三、结论和政策建议

(一)政府发挥有效的作用,有赖于政府自身的变革

从理论上来讲,政府一方面是公共利益的代表,政府作用的加强可以提高劳动份额;另一方面,组成政府的官员也会追求私人利益和个人利益,政府作用的加强会降低劳动份额。加强政府干预一方面有利于公共目标的实现,另一方面也有利于官员更多的个人利益或部门利益的实现,当公共目标的实现大于个人利益的实现时,政府对劳动份额的影响为正;反之,则为负。

经验分析证实了理论分析的结果,政府对劳动份额的影响表现为两个不同的方向,政府收入的增加挤占了劳动份额,使劳动份额下降;政府支出

的增加会提高劳动份额,而政府收入和支出是一个硬币的两面,政府支出的增加以政府收入的增加为前提, 当政府支出的正面效应大于政府收入的负面效应时,政府对劳动份额的整体影响为正;反之,则为负。

因此,单纯地从抽象意义上讲政府在提高劳动份额中的作用,或者从抽象意义上提出政府提高劳动份额的具体政策, 不对政府作用进行理论和经验的分析,其对策本身值得商榷,也难以达到对策的目标。

政府在理论上可能会降低劳动份额的分析, 及政府对劳动份额的总体影响为负的经验结果并不是否认政府的作用。政府在提高劳动份额中的作用是毋庸置疑的。很多学者提出(李稻葵;蔡昉等),[①]我国劳动份额下降的根本原因在于二元经济结构下劳动力市场供求关系的失衡, 随着刘易斯拐点的到来,劳动份额会重拾上升的趋势,这种分析是有一定道理的。但是以上分析仅仅是从市场自身角度的分析,没有考虑到政府的作用。事实上,二元经济结构的形成本身与政府发展战略有关, 而二元经济结构的改变也赖于户籍制度等相关的改革,这些都不是靠市场自发可以实现的。不可否认,劳动力市场的改变会引起劳动份额的上升;但是在这其中,政府相关配套制度改革是实现一元市场的前提条件, 没有政府相关政策的调整和相关制度改革,仅靠市场自身的力量,劳动份额上升会面临很大的阻力;相反,如果政府可以进行相关政策的调整和相关制度改革,从而发挥有效的作用,那么政府会成为劳动份额上升的助推器。

因此,理性地分析政府对劳动份额的影响,并不是否认政府在提高劳动份额中的作用,而是应该通过政府自身的变革,使政府对劳动份额发挥更大的正面效应。政府在提高劳动份额中的有效作用,有赖于政府自身的变革。通过政府自身变革,使政府对劳动份额的影响总体为正,是政府发挥有效作

---

① 参见李稻葵、刘霖林、王红领:《GDP中劳动份额演变的U型规律》,《经济研究》,2009年第1期;蔡昉:《人口转变、人口红利与刘易斯转折点》,《经济研究》,2010年第4期。

用的前提。

(二)政府变革的基本方面

具体来说,政府要在提高劳动份额中发挥有效作用,应实现以下三个方面的基本变革。

1.政府决策体现最广大人民的利益

政府政策以国家权力为后盾，一旦形成，将会对社会产生普遍性的影响；同时各种政策一般具有倾向性,其利益归宿在各群体之间有很大的不同,其收益群体具有较大的指向性。政府政策体现"最广大人民的利益",就是要体现农民、工人和知识分子等普通民众的利益,其中最为关键的是决策的民主化。王绍光认为:"为保证公平的发展战略的实施,最重要的一点就是创造一个制度上的环境,使政府的政策不偏向某一集团的利益,特别是富裕有势力集团的利益。要做到这一点,所有社会集团都要有均等的参与决策的机会。"[①]

2.改革我国政府绩效评价体系

由于我国长期实行单维的效率绩效评价模式，地方政府和官员片面追求经济增长的政绩,加上自身利益的冲动,使得其重视招商引资而忽视对劳动者的保护,成为劳动份额下降的助推者。因此,应该改革这种绩效评价体系,建立包括经济效率、制度效率、和谐绩效和发展绩效在内的多维绩效评级体系。在评价体系中,减少经济效率的权重,降低地方政府追求 GDP 增长的动力;把和谐绩效作为评价体系的目标之一,促使地方政府和官员更加重视对劳动者的保护;加之以制度绩效和发展绩效,使地方政府和官员的利益目标更多地体现为公共目标,成为劳动份额提高的助推者。

---

① 胡鞍钢、王绍光,《政府与市场》,中国计划出版社,2000 年,第 27 页。

3.改革政府收入结构

在我国政府收入结构中,税收收入比例偏低,非税收入,尤其是制度外收入比例偏高。2006 年,我国税收收入占国内生产总值的比重为 16.51%,财政收入(预算内收入)占国内生产总值的比重 18.38%,政府收入(预算内收入、预算外收入和制度外收入)占国内生产总值的比重为 32.89%。[①]政府收入计算的宏观税负超过了 30%的红线。宏观税负提高会挤压资本所得和劳动所得,尤其是会挤压劳动份额;税收收入和财政收入的比例过低,既降低了我国宏观调控的能力,也加大了非财政收入的随意性。因此应改革我国政府收入结构,提高税收收入的比重,加强对预算外资金的管理,清理体制外收入,使其纳入财政监督的范围之内。这样既可以提高我国政府宏观调控的能力,也可以提高劳动份额。

总之,政府在提高劳动份额中的作用有赖于政府效能的发挥。党的十九大明确了全面深化改革的目标是完善和发展中国特色社会主义制度,推进国家治理体系和治理能力现代化。国家治理体系和治理能力的现代化是提高政府效能,有效发挥政府在提高劳动份额中积极作用的重要保障。政府治理能力的提升可以为满足人民日益增长的美好生活需要中提高劳动者报酬、实现居民收入增长与经济增长同步,劳动报酬比例增长与劳动生产率提高同步保驾护航。

第三节　提高我国劳动份额的对策体系

在市场经济条件下,市场是形成劳动报酬的基本决定机制,政府不能直

---

① 参见伍云峰:《对我国当前宏观税负水平的测度与评析》,《南昌大学学报》,2008 年第 3 期。

接干预市场,提高劳动份额。政府的作用在于,在自身变革的基础上,建立有利于劳动报酬增长,劳动份额提高的机制。

一、建立就业优先的体制机制

在二元经济体制下,劳动力过剩形成的劳动力市场的供求失衡,是我国劳动份额下降的直接原因。因此,要提高劳动报酬,首要是改变劳动力市场的供求关系,创造更多的劳动力市场需求,使劳动力供求关系向着有利于劳动者的方向发生改变。具体来说,一是建立统一的竞争有序的市场;二是扩大就业,实施就业优先的发展战略。

(一)统一劳动力市场

目前,我国劳动力市场的分割主要体现在城乡劳动力市场分割、体制内外劳动力市场分割和劳动力市场的区域分割。建立统一的劳动力市场就是打破这些分割。

1.城乡二元劳动力市场统一

由于城乡二元劳动力市场的分割,我国进城务工人员工资水平较低。因为在二元劳动力市场分割的条件下,进城务工人员的劳动力价值不是由城市生活资料决定,而是由农村生活资料决定,而我国农村和城市生活条件的存在很大差别;加上很多进城务工人员利用农闲的时间外出打工,农村仍然有土地等其它经济来源,农民也可以接受低于农村劳动力成本的工资,因此劳动报酬被压制在较低的水平。根据相关调查,在出口企业中进城务工人员平均工资只是当地平均工资的40%,如果实行统一的劳动力市场,上亿进城务工人员至少可以获得约3000亿~5000亿的劳动报酬,远高于免除农业税、下乡补贴等惠农政策所带来的收益。①

　　要打破二元劳动力市场,首先要从根本上改革户籍制度,取消农业户口和城市户口之间的区别,实行统一的市民户口,实现公民身份的平等。这样可以降低劳动力流动的成本,提高其议价能力。其次,要加快推进公共服务均等化。目前,各地户籍制度改革已迈出了很大的步伐。如2010年伊始,沈阳、鞍山、抚顺、本溪、营口、阜新、辽阳、铁岭8个城市之间统一了户口管理标准,放宽了户口迁移限制。但是由于城市尤其是大中城市提供公共服务的规模有限,新增居民并不能享受到与原居民相同的公共服务。因此一方面,要提高城市公共服务的水平和规模,提高吸纳居民的能力;另一方面,更重要的是应加大对农村转移支付的力度,加大对农村公共服务的投入,提高农村公共服务水平,努力实现城乡均等化的公共服务,减少城市人口流入的压力。

　　2.体制内外劳动力市场统一

　　由于存在体制内外劳动力市场的分割,我国普遍存在同工不同酬的现象。主要是进城务工人员、临时工等非正式职工,其工资远低于正式职工。据上海市2005年对本市一个区6个行业363家企业的调查,企业中劳务派遣工占这些企业一线职工的80.4%,但工资水平却明显低于正式职工。不少企业主要是公有制单位,有"两个并存":一是低端岗位工资偏低与低端岗位工资不低并存,即从事低端岗位的进城务工人员、临时工、派遣工的工资偏低,而某些从事低端岗位的垄断性行业的普通正式职工工资较大幅度高于市场同类人员的工资价位。二是高端岗位工资偏高与高端岗位不高并存,即从事管理岗位的高端岗位工资过高,而技术高端岗工资低于其贡献等。因此应打破体制内外劳动力市场的分割。

---

　　①　参见迟福林编:《破题收入分配制度改革》,中国经济出版社,2011年,第321页。

要打破体制内外劳动力市场的分割，首先要加大市场化改革，引入竞争，打破某些国有行业的垄断；其次，规范国有行业薪酬规定，避免企业自定薪酬，避免"工资侵蚀利润"现象的发生；最后，要加大机关事业单位工资制度改革。一方面，减少事业单位人员的规模，对于竞争性行业逐步让位于市场；同时，加快事业单位绩效工资制度改革，使劳动所得体现劳动贡献的大小。另一方面，政府也要转变职能，避免冗员过多，努力实现小而有效的政府，并根据企业工资水平不断调整公务员工资水平。

3.区域间劳动力市场统一

除了劳动力市场的城乡二元分割和体制内外劳动力市场分割之外，我国还存在着劳动力市场的区域分割。徐伟等利用全国综合社会调查数据研究了我国区域内劳动力市场，认为我国劳动力市场存在分割，他们指出："中国劳动力市场结构具有很强的地方性，各个地区的社会经济特征不同，地缘政治格局相异，地方习俗传统不一，这些差异在各个地域空间内构建了特有的地方性的社会经济网络。劳动个体为了接近工作地点，往往无法摆脱这种社会经济网络的制约，而屈从于劳动市场的地方性。"①劳动力市场的区域分割，抑制了我国劳动力在区域内的流动，"用脚投票"的机制很难发挥作用，既不利于经济发展，也不利于劳动报酬的提高。

自2009年始，个人跨地区就业的，其基本养老保险关系随本人转移。这大大促进了劳动力市场的区域流动。但是由于区域经济和公共服务水平的差异仍然存在。因此应尽快建立区域间统一的劳动力市场。首先，增加各地政府部门的协调机制，减少限制劳动力流动的管理，在机关事业单位逐步放松档案管理；其次，加大区域协调发展，缩小区域差异，提高中部尤其是西部地区的行政管理水平和公共服务水平；最后，加大转移支付力度，缩小区域

---

① 徐伟、宁越敏：《中国三大城市化区域劳动力市场结构分割研究》，《世界地理研究》，2009年第6期。

间公共服务差距。

(二)扩大就业战略

1.将城乡就业率和城乡失业率纳入地方政府考核指标体系

长期以来,在我国国家统计局的统计指标中,只将"城镇登记失业率"作为就业指标的参考。但城镇登记失业率只反映了城镇人口的就业情况,农民并不计入统计范围。而我国农业人口占我国人口的半数以上,因此城镇登记失业率并不能真实地反映我国的就业情况。所以应使用"城乡失业率"这一指标,把农民纳入统计范围;同时统计城乡就业率,避免登记失业的遗漏,使用两项指标统一作为反映我国就业的指标,以真实地反映我国就业的实际情况。

在此基础上,将就业指标纳入地方政府考核的指标体系,并把它作为一项重要指标。促使地方政府转变发展观念,减少 GDP 追求的刺激,将促进就业、改善民生、提供公共服务等作为政府追求的目标,加大对就业的支持力度。

2.加大对劳动者自主创业的支持

自主创业既可以解决创业者自身的就业问题,还可以为社会提供就业岗位,是扩大就业的有力措施。并且随着社会的发展,人们的需求更加多样化、个性化,客观上也为小型甚至微型企业提供了生存空间,因此自主创业也有较大的市场空间。

近几年,国家出台了一系列促进创业的支持政策,如国家税务局从 2011年起,将税收优惠范围扩大到纳入就业失业登记管理体系的全部人员,包括下岗失业人员、高校毕业生、进城务工人员、就业困难人员以及零就业家庭、享受城市居民最低生活保障家庭劳动年龄内的登记失业人员等就业重点群体都涵盖在内,体现了政策的普惠性。

仅仅依靠税收的减免还不足以满足创业者的需求，自主创业仍然具有很大的政策空间。首先，要解决创业融资难的问题，可以参照法国政府的做法，由政府提供开业前的费用，或者由政府提供担保，政府贴息，创业者从银行获得启动资金。其次，在税费上给予优惠，不仅要减税，甚至可以免税，还要减少各种行政性事业收费，为自主创业者提供较好的创业环境。

3.加大对中小企业的支持

根据 2008 年的经济普查数据和工业统计数据计算，我国小型工业企业和工业个体经营户的从业人口占工业就业人员总数的 65%，这说明中小企业是吸纳我国劳动力的主要企业。其中规模以下的小企业和个体经营户提供了 34%的就业机会。而这些小型企业的经营和发展状况，在统计数据中根本看不到，也基本上不在政府的视野内，处于自生自灭的状态。因此要拉动劳力需求，必须促进中小型企业的发展，使很多企业能够"创起来，活下去"，为广大劳动者提供足够的就业岗位。

首先，要解决中小型企业融资难的问题。可以通过发展担保体系和中小企业自身改革解决企业资产信用不足、缺乏抵押能力的问题；同时，大力发展中小金融机构、组建投资类金融机构等，加大金融机构对中小企业的支持；另外也可以通过内源融资和直接融资的方式解决中小企业的融资问题。其次，加大对中小企业的减免税的力度。随着我国经济的发展，我国财政收入增长速度较快，广义宏观税负超过了 30%。因此减免中小企业税收，并不会影响地方政府提供正常的改革服务。税费减免的部分可以提高劳动者报酬。最后，政府应制定中小企业的中长期发展规划，如企业创新计划、结构调整计划等，引导中小企业长期健康发展。

4.对于微利劳动密集型行业实现分类管理

在我国存在部分微利劳动密集型企业或者困难企业，这些企业为广大劳动者提供了很多就业机会；但是劳动报酬的提高，导致劳动成本增加，这些企业多面临亏损甚至倒闭的风险。这些企业集中在特定的行业,应实行分类管理。我国微利劳动密集型企业主要集中在木材加工业、木竹腾棕草制品业、纺织业、农副产品加工业、餐饮业、非金属矿物质制品业、纺织服装鞋帽制造业、造纸及纸制品零售业八个低工资行业。这类企业在提高劳动报酬后会面临经营困难,但却提供了很多的就业岗位。因此对这类企业,政府应给予特殊政策,实行分类管理。

对于这类企业,可以设定一定的程序,经人社部门、财税部门认定给予一定的营业税、增值税和企业所得税减免优惠,其中外向型经济连同出口退税部分直接用于增加企业职工工资。另外,中央政府对地方政府因减免微利企业税收造成的缺口应给予一定的转移支付。通过特殊管理、特殊的税收政策,这些微利企业能够生产并提高职工工资水平。

二、建立劳动报酬增长保障机制

在市场经济条件下, 劳动报酬主要是在国家宏观调控收入分配体系约束下,由市场上的微观经济主体来决定。因此劳动报酬增长保障机制应该包括两个方面:微观劳动报酬增长保障机制和宏观劳动报酬增长保障机制

(一)微观劳动报酬增长保障机制

工资集体协商制度是保证劳动报酬增长的基本保障机制。工资集体协商制度指职工代表与企业代表就企业内部工资分配制度、工资分配形式、工资收入水平等事项进行平等协商,在协商一致的基础上签订工资集体协议的行为。工资集体协商实质是通过集体协商和法定程序将企业工资决定纳入规范化的契约轨道,从而使劳动关系双方为实现不同的经济利益要求找到彼此兼顾的结合点。工资集体协商制度是市场经济条件下通行的符合市

场经济规律的一种工资决定形式，是合理地确定劳动报酬并保证劳动报酬逐步增长的基本制度形式。

工资集体协商制度在我国企业中已经推行了十几年，但开展的规模和效果比较差。据全国人大财经委专题调研组的调查，江西和福建两省推行工资集体协商制度覆盖率达到较高水平，但普遍存在着重合同、轻履行的情况；四川省也存在类似问题，部分企业以"家法"代替"国策"，一些企业尤其是非公有企业集体协商制度未落实到位，工资分配完全由经营者决定。主要的问题有：第一，"不谈"。由于相关立法不健全，如《中华人民共和国劳动法》和《中华人民共和国劳动合同法》在对集体工资协商的规定中均使用了"可以"的概念，致使许多企业钻了法律的空子，表现为"不谈"。第二，"不愿谈""不敢谈""不会谈"。由于国有企业工会不独立，并且和行政方不对立，致使很多工会"不愿谈"；在部分企业，职工代表往往害怕得罪雇主，"不敢谈"。另外，还有一个"不会谈"的问题。劳动者究竟怎么谈才能收到良好效果，特别是应该提出加多少工资，理由是什么，往往拿不出有力的材料来支撑。

要改变这种状况，必须采取针对性措施：首先，健全相关立法，把《中华人民共和国劳动法》和《中华人民共和国劳动合同法》中的"可以"修改为"必须"，增强法律的强制力，使企业必须建立工资集体协商制度，杜绝"不谈"。其次，加强工会组织建设，关键是让工会在财政上不再依附于企业，而是与政府财政收入挂钩。只有这样，工会才不会受制于企业，才能完全拥有自己独立的话语权和发言权，也才能真正地代表劳动者的利益与雇主进行工资协商和谈判。另外，在非国有企业也要建立健全工会组织，并且不能由企业任命工会主席，使工会真正代表职工的利益，使其"愿谈"。最后，提高劳动者自身素质。一是通过加大职业培训的力度，提高劳动者的职业技能，尤其是失业人员、初次就业人员和普通劳动者。二是提高劳动者获取劳动力市场信息的能力。培养劳动者获取劳动力市场信息的意识，提高其利用劳动力市场信息选择合适职业的能力。三是提高劳动者的民主意识和法律意识,保障自己的合法劳动权益不受侵犯。全面提高劳动者自身素质是提高劳动者自身的议价能力,提高劳动报酬的根本。通过提高劳动者自身素质可以解决"不敢谈"的问题。四是要培养熟悉并能自主开展工资集体协商的代表。一方面要加强对参加谈判的职工进行培训,使其了解相关谈判的知识和技巧;另一方面也要发挥工资协商指导员和薪酬专家的作用,使劳动者在谈判中最大程度地争取自己的利益。

(二)宏观劳动报酬增长保障机制

1.劳动报酬增长约束性指标

确定劳动报酬增长的约束性指标,可以增强各级政府提高劳动报酬的动力。具体来说,按照两个不低于,即居民收入增长速度不低于GDP增长速度,劳动者报酬增长速度不低于企业利润的增长速度,考虑到通货膨胀因素,可以将劳动份额的比重到2020年提高到55%;居民收入比重提高到70%。

2.宏观调控体系

第一,继续完善工资指导线制度,发挥政府企业工资增长的指导作用。应加快健全工资指导线覆盖面,在全国形成统一的体系;同时,细化工资指导线的内容,建立行业工资指导线。第二,继续推进人工成本信息指导制度建设,指导企业合理控制人工成本水平。重点是加快此项制度的建立,扩大范围,尽快在全国的大中城市抓紧推行。第三,确定工资增长机制。在完善工资指导线制度和推进人工成本信息指导制度建设的基础上,确定工资增长机制。工资增长机制应该做到工资增长与我国GDP的增长同步;工资增长与用人单位利润的增长同步。另外,要考虑到物价上涨的指数,应当通过工资增长将物价上涨的指数弥补回来。

3.相关保障机制

首先,完善最低工资制度。在劳动力市场机制不完全、工会形式的集体谈判力量较弱的情况下,最低工资立法会降低职工个人与雇主谈判的成本,从而对部分弱势工人的工资水平起到一个最低限度的保护作用,因此应尽快构建动态的最低工资增长机制,充分发挥最低工资制度的收入保障作用。自1993年我国确立最低工资制度以来,地方政府在此项制度建设上已有很多探索,最低工资制度在我国普遍建立起来。目前,主要的问题:一是最低工资标准普遍偏低,按照国际通行的标准,最低工资一般在平均工资的40%~60%,我国部分地区没有达到这个标准。二是最低工资标准没有得到严格执行,部分企业将不包括工资性收入的成本如住宿费等计入最低工资标准;也有部分企业提高劳动定额,使劳动者拿不到最低工资;甚至有的企业把最低工资标准作为工资标准线或者最高工资。因此我国的最低工资制度仍有待于完善,既要适当提高最低工资标准,又要加大监察的力度,保证最低工资制度得到严格执行。

其次是完善工资支付保障制度。目前,我国部分用人单位仍存在拖欠、克扣劳动者工资的现象。根据2009年国家统计局数据,有5.8%(约406万人)的返乡人员被拖欠了工资,需要重新找工作的返乡人员中有8%(约560万人)被拖欠了工资。另外,还存在克扣工资的现象,一些企业每月扣留员工20%~30%的工资作为风险抵押金,要求工作满3年不能出现任何差错,否则全部扣除。因此,应当完善我国工资支付保障制度。①要加大劳动监察力度,尽快清理旧有欠薪事件,查处新的欠薪事件并严肃处理,给予经济处罚甚至吊销其营业执照;在此基础上通过建立工资保证金制度等防患于未然。

最后是完善社会保障制度。社会保障制度被称为社会的稳定器或安全

---

① 参见苏海南:《收入分配之我见》,中国财政经济出版社,第375、125页。

阀;另外,健全的社会保障制度可以提高劳动者的议价能力,使劳动者不会接受低于劳动力基本价值的工资,因而有利于提高劳动报酬。改革开放以来,我国社会保障制度逐步建立起了包括社会保险、社会救助、社会福利和社会优抚构成的比较健全的社会保障体系。然而我国社会保障体系仍然存在着覆盖范围窄、城乡发展不平衡、制度不够健全、管理基础薄弱、资金制度压力大、部分社会群体社会保障待遇不合理等一些问题。因此我国应逐步健全社会保障体系,即在不断完善基本养老保险、城镇职工基本医疗保险等已有制度的基础上,加快解决城镇未参保居民的养老保障和医疗保障,重点加强农村社会保障制度建设。

三、完善和落实相关法律法规

无论是就业优先体制的建立,还是劳动报酬增长保障机制的建立和运行都离不开相关法律的完备和执行。许多制度的建立和完善,如集体工资协商制度、最低工资制度等本身就是一个立法和执法的过程。并且市场机制是决定劳动报酬的基本决定机制,而市场机制就是一种法治经济。所以在市场经济条件下,建立有利于劳动份额提高的机制,客观上需要法律法规的完备和严格执行。

(一)完善立法

1.修改《中华人民共和国劳动合同法》和《中华人民共和国劳动法》

目前,我国有关工资集体协商的法律规范还不健全。虽然《中华人民共和国劳动合同法》和《中华人民共和国劳动法》都提及了集体合同,但其规定的原则性很强,缺乏可操作性。《中华人民共和国劳动法》相关规定的表述为:"企业员工一方与企业可以就劳动报酬、工作时间、休息休假、劳动安全卫生、保险福利等事项,签订集体合同。"《中华人民共和国劳动合同法》相关规定的表述为:"企业职工一方与用人单位通过平等协商,可以就劳动报酬、工作时间、休息休假、劳动安全卫生、保险福利等事项订立集体合同。"按照学理的解释,条款中使用的"可以"表明的是一种可为性的权利,即当事人可以为一定的行为,也可以不为一定的行为,只是选择性条款,而非强制性条款。因此,应该将"可以"修改为"必须",增强法律的强制力。

2.制定"工资法"或"工资条例"

现行的劳动法律保障为解决劳动报酬问题提供了不少依据,如在《中华人民共和国劳动合同法》中,直接涉及劳动报酬的就有 34 条。但是《中华人民共和国劳动法》《中华人民共和国劳动合同法》作为劳动领域的基本法律,侧重于解决劳动领域或劳动关系的基本问题,无暇回答劳动报酬方面的各种具体问题。因此需要制定"工资法"作为专项法律对工资分配的原则、主体、内容、工资决定、工资支付、特殊条件下的工资支付、工资宏观调控等,在法律上给予比较具体的回答,以规范分配行为,整顿分配秩序,建立正常的工资增长和支付机制。

(二)严格执法

在完善法律法规的基础上,还应加强执法。首先,建立和完善用人单位的劳动用工自律、自查制度的试点工作,提高企事业单位执法的自觉性。其次,加大稽查力度。严格执法来规范企业对待劳动者的行为,及时查处拖欠工资、克扣工资等损害劳动者权益的违法行为,并且严厉惩处。最后,为劳动者维护合法权益提供绿色通道,加强对工资支付、劳动安全、社会保险等方面的劳动执法监督和工资谈判的法律援助等。

小　结

本章首先在对提高劳动份额的四层含义，即在统计学意义上提高劳动份额、在经济增长中提高劳动份额、在经济发展中提高劳动份额、在发展中提高劳动份额进行界定和分析的基础上，提出我国应在科学发展观指导下提高劳动份额，明确了提高劳动份额的目标。

其次，从理论和经验两个方面分析了政府对我国劳动份额的影响，认为政府对劳动份额的影响会表现在正反两个方面。据经验证据显示，1993—2009 年，政府对我国劳动份额的影响为负。在此基础上，进一步分析了政府在提高劳动份额中的作用。政府在提高劳动份额中应大有作为，政府在提高劳动份额中有效作用的发挥有赖于政府自身的改革。

最后，提出提高我国劳动份额的具体措施。一是建立就业优先的体制机制，形成有利于劳动报酬提高的劳动报酬形成机制。二是建立有利于劳动报酬增长的机制，保证劳动报酬随着劳动生产率的增长而增长。三是健全相关法律法规，保障劳动者的利益。

第五章　我国劳动份额的未来发展趋势

第一节　劳动份额演变趋势规律分析

要对我国未来劳动份额发展趋势作出预测，首先要把握劳动份额演变趋势规律。这一节通过评析国内外具有重要影响的两个劳动份额演变趋势规律,根据我国劳动份额演变趋势的特性,提出我国劳动份额演变趋势规律。

一、劳动份额稳定性之争

劳动份额稳定性之争反映了学者们对劳动份额演变趋势规律的不同认识,通过论证劳动份额的稳定性和对劳动份额的非稳定性的解释,深化了对劳动份额演变趋势规律的认识。学者们逐步从趋势的事实判断争论中,转向对劳动份额演变背后决定性力量的分析, 从更深刻的层次上把握劳动份额的演变趋势规律。

　　劳动份额不变这一观点起源于 Bowley& Douglas 对 1890—1913 年间对英国功能性分配的经验主义研究；[①] Cobb&Douglas 基于美国 1899—1922 年间的数据也得出了劳动份额在时间上倾向于保持大致稳定的结论。[②] 20 世纪初，要素份额具有稳定性的观点就已开始流传。Keynes 是最早注意到这一点的经济学家之一。他指出："在整个经济统计的范围内最令人吃惊但是确凿无疑的事实是，劳动在国民收入增长中的比例保持稳定。让人注目的是每个国家都如此，它似乎是一种长期的现象，而不仅仅是短期现象。"[③]Kaldor 认为，要素收入分配比重保持不变被认为是一个"典型化事实"。但事实上，没有哪一种关于劳动份额决定力量的假设是令人满意的，除非它可以成功地解释相对份额在发达国家大约百年之内保持稳定，尽管在这一时期因技术进步引起的产量在变化、资本积累在增加、人均收入也在增加。[④]

　　劳动份额的稳定性也得到了其他经验的证明。Brown&Hart 的研究表明，1870—1950 年间，英国的工资份额保持了高度稳定。[⑤]Gollin 从计量经济学的角度，对劳动份额的估算作了进一步分析。他认为，由于统计方法的因素，劳动份额在跨国数据中在 0.05~0.80 之间波动，表现出很大的变动性；但是调整统计方法显示，劳动份额在 0.65~0.80 之间波动，保持了相对稳定。[⑥] Feldstein 利用 1970—2006 年间美国非农业部的数据，分析了这一时期美国

---

①　参见［美］阿西马科普洛斯（Asimakopulos, A.）:《收入分配理论》,赖德胜等译,商务印书馆,1995 年,第 97 页。

②　See Cobb, Charles W., and Douglas, Paul H, A Theory of Production, *A.E.R. Papers and Proc*, 18 March 1928.

③　Keynes.J.M., Relative Movements of Real Wages and Output, *Economic Journal*, 1939.

④　See Kaidor, Nicholas, *Capital Accumulation and Economic Growth* in *The Theory of Capital*, edited by Fricdrich A. Lutz and Douglas C. Hague, St. Martin's Press, 1961, pp.84—85.

⑤　See Brown, E. Phelps and P.E.Hart, The Share of Wages in National Income, *Economic Journal*, Lxu, 1952.

⑥　See Douglas Gollin., Getting Income Shares Right, *Journal of Political Economy*, 110(2), 2000.

劳动份额的变化。他发现,美国劳动份额在 64%~66%之间波动,可以说是相当稳定。[1]

然而劳动份额的稳定性也受到了质疑。Solow 认为劳动份额的稳定性之谜是人们的主观幻觉。之所以出现这种幻觉是因为人们对稳定性没有准确的定义。他认为,由于劳动份额的稳定性不是绝对的稳定,而是变化小于人们的预期,是一种主观上的判断。因此,对于同样的变化,某个学者认为是稳定的,而另一个学者会认为是不稳定的。他还估算了美国 1929—1955 年间国民收入、制造业、公司企业中的劳动份额,结果显示,劳动份额并不稳定。[2] 克拉维斯研究了美国 1900—1957 年半个多世纪间美国劳动份额的变化,他认为, 劳动份额在缓慢增长, 从 1900—1909 年间, 美国劳动份额为 55%, 1949—1957 年间,上升到 67.1%。[3]Blanchard 研究了 1970—1995 年间欧洲大陆国家,包括德国、法国、西班牙和意大利的劳动份额,他认为,这些国家的劳动份额在波动中下降, 相比美国和加拿大表现出较大的不稳定。[4]Bento-lila&Saint-Paul 利用 12 个 OECD 国家的面板数据计算了 1973—1993 年间的劳动份额,发现各国的劳动份额变化各不相同,如美国保持稳定,日本先是急速上升而后缓慢上升,德国和法国在 20 世纪 80 年代达到峰值,而西班牙和新西兰在 70 年代中期达到峰值。[5]Rodriguez&Jayadev 认为, 过去近 30 年大部分国家的劳动份额是下降的。[6]

---

[1] See Martin S.Feldstein, Did Wages Reflect Growth inProductivity? *NBER Working Paper April*, No.139, 2008.

[2] See Robert M. Solow, A skeptical Note on the Constancy of Relative Shares, *American Economic Review*, Sep, 1958.

[3] See Kravis, Relative Income Shares in Fact and Theory, *American Economic Review*, Dec 1959.

[4] See Blanchard, O., The Medium Run, *Brooking Papers on Economic Activity*, 1997(2).

[5] See Samuel Bentolila and Gilles Saint-Paul, Explaining Movements in the Labor Share Contributions to Macroeconomics, Berkeley Electronic Press, 3(1), 2003.

[6] See Francisco Rodriguez and Arjun Jayadev, The Declining Labor Share of Income, *Human Development Research Paper*, 2010.

对于劳动份额的非稳定性,学者们从不同的角度进行了解释。刘易斯从经济结构的角度阐述了劳动份额的发展趋势。他提出了一个描述发展中国家经济结构的二元经济模型。在这个二元经济模型中,经济发展可以分为两个阶段:一是劳动力无限供给阶段,也就是从传统部门向现代部门转变的阶段。这一阶段,劳动力无限供给工资取决于维持生活所需的生活资料的价值,劳动份额也会下降。二是劳动力短缺阶段,此时传统部门中的剩余劳动力被现代工业部门吸收完毕,工资取决于劳动的边际生产力,劳动力由剩余变为短缺,相应的劳动力供给曲线开始向上倾斜,劳动力工资水平也开始不断提高,劳动份额会进入上升通道。经济学把联接第一阶段与第二阶段的交点称为"刘易斯转折点"。[1]

库兹涅茨对经济发展的不同阶段的劳动份额非稳定性进行了解释,他提出经济增长有两个阶段:在资本短缺和非熟练劳动力剩余的第一阶段,劳动份额下降;在与熟练劳动相联系的资本短缺减少的第二阶段,劳动份额稳定,然后上升。[2]

刘易斯和库兹涅茨的理论有相同之处,刘易斯所论述的第一阶段,即劳动力无限供给阶段具有库兹涅茨所述第一阶段的特征,即资本短缺和非熟练劳动力剩余;第二阶段即资本短缺减少的阶段同时也是劳动力由剩余转变为短缺的阶段。二者对趋势的描述也大体一致,都认为劳动份额会进入上升通道。而库兹涅茨则认为二者也有区别,库兹涅茨的理论以充分竞争的市场为前提,以发达国家为研究对象,而刘易斯的理论却以二元市场分割为前提,主要以部分发展中国家为对象。

我国学者郝枫也从经济发展阶段对劳动份额稳定性作出了解释。她认

---

[1] W.Arthur Lewis, *Economic Development with Unlimited Supplies of Labour*, The Manchester School Wiley Online Library, 1954, pp.406–410.

[2] See Kuznets, S., Economic Growth and Income Inequality, *American Economic Review*, March 1955.

为:"要素份额稳定性的时间方面和空间方面实质上统一于经济发展阶段。要素份额稳定性之争的本质是要素份额是否随经济发展阶段变化。如果将考察时期局限于工业化成熟阶段,则要素份额具有相对稳定性;一旦考察范围追溯到工业化完成初期,要素份额稳定性不复存在,而是明确表现出由一个水平过渡到另一个水平的变化特征。"[1]其实,工业化成熟阶段也就是刘易斯论述的劳动力短缺阶段、库茨涅茨论述的资本短缺较少阶段;工业化之前阶段相当于刘易斯论述的劳动力无限供给阶段和库茨涅茨论述的资本短缺阶段。

从经济发展的不同阶段对劳动份额的稳定性作出解释,比单纯的经验分析迈进了一步,但是并没有触及问题的实质——劳动份额的决定因素。在库兹涅茨提出经济增长的两个阶段力量之后的 1959 年,库茨涅茨对劳动份额的认识接近了问题的实质,他指出:"工资份额的稳定和其它许多统计变量的稳定一样,如果确实能够被观察到,那么要归因于那些互相冲突的决定因素之间的平衡。其发生和持续都取决于这种平衡的发生和持续。显然,如果英国存在工资份额的稳定,它也只是一个例外的短暂现象。而美国的稳定份额是工薪收入——在后来的修正中,它变成了长期上升。在其它任何国家都没有看到工资收入的长期稳定。"[2]这样便从劳动份额决定力量的本质上分析了劳动份额演变趋势的规律。

事实上,劳动份额在发展阶段中的稳定性只是表明了在这一阶段,决定劳动份额的各种力量保持了平衡状态,即非稳定的特殊状态。由于决定劳动份额的因素是不断变化的,因此劳动份额的变化才是一种正常的状态。即使

---

① 郝枫:《中国要素价格决定机制研究——国际经验与历史证据》,天津财经大学博士论文,2008 年。

② Kuznets,S.,Quantitative Aspects of The Economic Growth of Nations,*Economic Development and Cultural Change*,April,1959.

存在劳动份额的稳定性，也只是某个时段某个地区的力量暂时保持平衡的表现。因此，要分析劳动份额演变趋势和发展趋势，应该在分析劳动份额决定因素力量变化的基础上进行分析，而不仅仅是对趋势本身的分析、论证和解释。

二、U型规律

在我国学术界，劳动份额演变的 U 型规律是大部分学者认同的一种规律。李稻葵等在中外 120 多个国家的劳动份额发展趋势、我国各省市劳动份额演变趋势的经验分析基础上提出了劳动份额演变的 U 型规律。即在世界各国的经济发展过程中，在初次分配中劳动份额的变化趋势呈现 U 型规律，即劳动份额先下降后上升，转折点是人均 GDP 约为 6000 美元（2000 年购买力平价）。[①]在分析我国劳动份额演变原因的基础上，李稻葵等人认为我国劳动份额的演变符合 U 型规律。

梁东黎认为，单个国家的技术进步对初次分配格局的影响在时间序列视角上的规律是：当经济发展水平较低时，随着经济发展水平不断提高，劳动份额下降；当经济发展到较高水平时，随着经济发展水平不断提高，劳动份额提高。这一规律在不同国家的横截面视角上得到一定程度的再现：在经济发展水平较低的国家，劳动份额较低；在经济发展水平较高的国家，劳动份额较高。同时，生产要素价格决定机制的健全或扭曲也是影响初次分配格局的重要因素。那意味着随着我国经济发展水平的变化，我国劳动份额会先下降，当经济发展到高水平时，劳动份额会上升，也即先上升后下降的趋势。[②]

姜磊、张全红分析了我国劳动份额下降的原因。姜磊认为，我国劳动份

---

① 参见李稻葵、刘霖林、王红领：《GDP 中劳动份额演变的 U 型规律》，《经济研究》，2009 年第 1 期。

② 参见梁东黎：《初次分配格局的形成和变化的基本规律》，《经济学家》，2008 年第 5 期。

额下降的根本原因是二元经济条件下的巨大就业压力、不断提高的劳均资本和人力资本，市场化水平的提高和工会在保护劳动者权益方面的缺位也起到了一定的负面作用。张全红认为我国劳动份额下降的主要原因是要素替代弹性、二元经济中的巨大就业压力和政府长期以来重视资本、忽视劳动的政策取向。二者都认为随着"刘易斯拐点"的到来，劳动力将会由过剩转变为短缺，劳动的供给曲线将变得陡峭，功能性分配将开始有利于劳动者，劳动报酬比例将进入上升通道。事实上也认同了我国劳动份额先上升后下降的 U 型规律。

　　U 型规律源于两个方面的分析，一是对于国内外劳动份额演变趋势分析的经验归纳，经验结果显示在发达国家出现过促使劳动份额先下降后上升的力量，跨国数据也显示了劳动份额在发展中国家较低，而在发达国家较高的趋势。二是对于劳动份额决定因素力量变化的分析，我国学者主要是基于我国劳动份额下降原因的分析，其中劳动力市场供大于求是最主要的原因，那么随着"刘易斯拐点"的到来，劳动份额进入上升通道是一种合理的预测，因此劳动份额演变趋势的 U 型规律具有一定的合理性。

　　然而学者们多侧重于劳动份额下降趋势的研究，只有少量文献有对劳动份额上升的研究；对于劳动份额的下降多侧重于生产力层面的分析，而对于生产关系、制度性因素对劳动份额下降的影响分析较少。所以"刘易斯拐点"之后劳动份额进入上升通道，只是生产力层面的分析；劳动份额进入上升通道可能需要一些制度条件或者说有赖于制度条件。因此对劳动份额未来发展趋势的预测，应该建立在对我国劳动份额决定因素的分析上，应从生产力和生产关系相结合的角度作出分析，而不是仅仅建立在对某个方面分析的层面上。

　　并且学者们仅仅预测到，劳动份额会上升，特别是在"刘易斯拐点"之后，劳动份额会进入上升的通道。但是对于劳动份额将怎样上升？是一直上升还是上升之后保持平稳？上升到什么程度？等等问题并没有论述。因此也需要进一步分析我国劳动份额的波动区间。

三、劳动份额的上下限理论

关于劳动份额的波动区间，国内外学者鲜有研究。不过我国著名经济学家樊纲从马克思剩余价值理论出发，提出了工资收入的上下限及"对抗系数"理论，[①]对于我们研究劳动份额上下限理论具有一定的启发意义。

（一）工资收入的上下限理论

1.劳动力价值下限——基本生活资料的价值

在资本主义经济中，资本的权力总是居于统治地位，工人的就业、消费服从于资本运动和扩大的需要，这是绝大多数经济家认同的事实。由于压低工资可以提高利润，因此从资本家总体的角度看，他们总是具有压低工资的动机。劳动隶属于资本，使这种动机能够产生效果。但是这种动机容易遇到一个极限，便是工人的基本生活资料。工人必须能够活下去并再生产劳动力，这不仅是社会道德起码的要求，也是资本主义本身的需要。因此在一定技术条件下，生产工人的基本生活资料的劳动量决定了劳动力价值的下限。

根据劳动生产率与价值成反比关系的原理，劳动力价值下限也是可变的，它与生产生活资料的劳动生产率成反比，实际上是与整个社会生产技术水平的提高成反比。定义符号 g 为社会生产力提高速率，则可定义劳动力价值下限，为 g 的一个降函数：

$$V_0=V_0(g),V'_0(g)<0 \tag{5.1}$$

---

① 参见樊纲：《现代三大理论体系的比较与综合》，上海人民出版社，1990年，第242~250页。

它表明社会生产力的提高会使劳动力价值的下限降低。如资本家能把劳动力价值总是保持在下限上,则生产力的提高会使资本收入提高,而工人的生活水平保持不变。

2.劳动力的上限

劳动力的价值事实上不会总是处在下限上。但是若因种种主客观原因,工人阶级可能在利益斗争中争得工资的提高,它也有严格的经济界限不能逾越,这个上限就是劳动的边际收益。根据资本主义市场竞争下工资均等和利润率均等的原理,也根据在劳动市场上工人阶级作为整体与资本家对立的原理,可以利用社会总生产函数进行分析。由于仅仅考虑劳动收入的上限,因此可以把总产出表示为劳动的函数,即

$$y=f(L) \tag{5.2}$$

劳动的边际收益为:

$$\overline{V}=P\cdot\frac{df}{dL} \tag{5.3}$$

其中,表示劳动力价值,P 为总产出的价格。

3.工资争议区间

有了劳动力的上限和下限,就构成了一个开区间 $(V_0,\overline{V})$,长度为 $p\cdot df/dl-V_0(g)$。它可以成为"工资争议区间"。在一般情况下,劳动力价值 V 就落在这一区间的某一点上,但究竟落在哪一点上,取决于工人与资本家之间的利益斗争和斗争中的力量对比。这里将力量对比定义为变量 $t(0\leq t\leq1)$,称为"对抗系数",这样便可以得出劳动力价值一般公式:

$$V=V_0(g)+t[P\cdot df/dl-V_0(g)] \tag{5.4}$$

在公式 5.4 中,$V_0(g)$、$P\cdot df/dl$ 表示社会生产的物质条件,即社会生产力水平,而 t 则表示资本主义经济的生产关系和分配关系。这样就从生产力和生产关系两个方面说明了 V 的决定方式。

　　樊纲的工资上限和下限理论以资本主义经济关系为研究对象，由于资本主义的市场经济和我国的社会主义市场经济在基本特征上相似，因此可以抽去其资本主义的本质规定性。但是我国的社会主义市场经济与资本主义的市场经济又有区别，因此在使用工资上限理论的时候，应该进一步拓展，在此基础上形成劳动份额的上下限理论。

（二）劳动份额的上下限理论

　　劳动报酬和工资类似，其决定因素也可以分为两大类：一是生产力层面的，二是生产关系层面的。因此，可以将工资收入拓展到劳动报酬。劳动报酬比工资收入有着更加宽泛的含义，它不仅包含工资收入，还包含劳动者所享受的公费医疗和医药卫生费、上下班交通补贴和单位支付的社会保险费等；它不仅包括货币收入，还包含实物收入。对于个体经济来说，其所有者获得的劳动报酬和经营利润不易区分，这两部分统一劳动者报酬处理。我们可以在工资争议理论的基础上形成劳动份额的争议区间：

$$Ls = Ls_0(g) + t[P \cdot df/dl - Ls_0(g)] \tag{5.5}$$

　　由于我国实行的是生产资料公有制为主、多种所有制经济共同发展的基本经济制度。在公有制条件下，劳动者不仅仅是被雇佣者，还是生产资料的主人，因此劳动者还要分享到部分的利润（m）；在私营经济、外资经济中，劳动者分享不到任何利润；个体经济由于劳动报酬和利润不作区分，统一为劳动报酬，因此个体经营者获得了全部利润。这样我们可以设置一个变量 a（$0 \le a \le 1$）来表示对利润的分享情况：

$$Ls = Ls_0(g) + t[P \cdot df/dl - Ls_0(g) + am] \tag{5.6}$$

　　在公有制经济中，劳动者分享部分利润（$0 < a < 1$），劳动份额由 5.6 式决定；在私营经济和外资经济中（a=0），即劳动者分享不到任何的利润，劳动份额仍然由 5.5 式决定。在个体经济中（a=1），劳动者获得全部利润，也不存在

议价的情况,即 t=1,由此得到:

$$Ls=P\cdot df/dl+m \qquad\qquad q$$

另外,我国存在特殊的二元经济结构,即城乡相对分割的二元经济结构,对于部分进城务工人员来说,由于工作在城市,生活消费在农村,其生活资料的价值会低于城市职工的最低生活资料价值;农民一般有土地,可以获得部分收入,因此进城务工人员可以接受低于生存工资的工资。我国的市场结构既与成熟的市场经济不同,也与刘易斯所描述的二元经济结构有所不同。因此,在我国特殊的二元经济结构下,劳动份额可能会被压在基本生活资料价值以下。我们可以设置一个变量 b(0<b≤1)来表示我国特殊的市场经济的一体化程度,来描述特殊的二元经济结构下的劳动份额。一般来说,0<b<1,即劳动者只能获得部分生存工资;随着二元经济结构的消失,b 的数值越来越大,劳动者获得的生存工资部分越来越多;一直到 b=1,即资方必须支付给劳动者全部的生存工资。因此我们可以得到在我国城乡二元经济结构下,劳动份额的区间:

$$Ls=bLs_0(g)+t\left[P\cdot df/dl-Ls_0(g)+am\right] \qquad (5.8)$$

由 5.8 式可以看出,由于城乡二元经济结构的存在,我国劳动份额的下限更低,劳动报酬可能会被压在劳动者生存工资以下;而由于我国特殊的所有制结构,我国劳动者可以分享到部分利润,或者全部利润,我国劳动份额的上限更高。另外,对抗系数 t 在我国不仅反映了劳资之间的争议,也反映了作为生产关系表现的制度化因素。由于我国在改革开放之后实行从计划经济到市场经济的逐步过渡,目前来说,市场经济已经初步确立,但是还不成熟,计划体制在部分领域仍然起着作用,因此制度性因素比在成熟市场经济下起着更大的作用,个别时期会起着关键性的作用。

总之,我国劳动份额的变动也存在一个上下限,在一个区间内波动;由于我国特殊的经济制度和市场结构,我国劳动份额的波动区间更大,可能会经历比在成熟市场经济国家更大的波动；制度性因素对劳动份额的影响也会大于西方成熟的市场经济国家。

四、我国劳动份额演变的规律

以上分析了劳动份额稳定性与非稳定性规律、劳动份额演变的 U 型规律和我国劳动份额变动的区间，由此可以概括出我国劳动份额演变的基本规律。

第一，劳动份额的演变趋势受到劳动份额决定性因素力量的制约，这些决定性因素，分为生产力和生产关系两个层面。决定性因素力量和地位的变化及决定性因素本身的变化会引起劳动份额的波动。

第二，劳动份额的波动存在一个区间，其下限略低于劳动力基本生活资料价值的水平，其上限略高于劳动力边际收益。劳动份额究竟落在哪一点上，既取决于劳资之间的争议，也取决于我国制度性调整，这些制度性调整不仅包括收入分配制度本身，还包括所有制制度、市场结构等制度性因素。

第三，我国劳动份额的演变可能存在着一个 U 型规律，即先上升后下降；可能会在"刘易斯拐点"之后进入一个上升通道。但是具体的形状是扁平还是陡峭，在哪一点进入上升的通道，还有赖于我国相关制度调整的结果。

第二节　合力下的劳动份额发展趋势

本节具体分析影响我国劳动份额的基本决定因素，即政府政策、劳动力市场、经济全球化、转型期社会特殊的经济制度。在对促使劳动份额上升和下降因素分析的基础上，对我国未来劳动份额作出合理的判断。

一、促使我国劳动份额提高的因素

（一）政府初次收入分配政策的调整

改革开放初期，我国实行了以"放权让利"为中心的改革，实行了初次分配领域的第一次政策调整。在初次分配中，国民收入分配向个人倾斜，劳动报酬增长超过了劳动生产率的增长。戴园晨认为，出现了"工资侵蚀利润"的现象，财政收入占国民收入的比重和中央财政占全国财政的比重下降。

两个比重的下降，降低了我国宏观经济调控的能力。自 1993 年开始，我国初次分配政策开始进行第二次调整，强调提高"两个比重"，避免收入分配向个人倾斜。1993 年，江泽民在《全面正确把握形势，保持国民经济发展的好势头》中指出："工资和奖金的增加，一定要与经济效益挂钩，其增长幅度不得超过效益的增长。要严格控制社会集团消费过快增长……要提高财政收入占国民收入的比重，提高中央财政占整个财政收入的比重"[1]。1995 年，他在《正确处理社会主义现代化建设中的若干重大关系》中又提出："现在出现一些需要引起注意的突出问题，主要是国民收入分配过分向个人倾斜，国家所得的比重过低……多年来，财政收入占国民生产总值的比重和中央财政收入占全国财政收入的比重逐年下降，国家财政困难增加，赤字不断扩大。因此，随着经济的发展，必须逐步提高"两个比重"[2] 1997 年，在党的十五大报告中，他再一次提到："集中财力，振兴国家财政，是保证经济社会各项事业发展的重要条件。要正确处理国家、企业、个人之间和中央与地方之间的分配关系，逐步提高财政收入占国民生产总值的比重和中央财政收入占全

---

[1] 《江泽民文选》（第一卷），人民出版社，2006 年，第 296~298 页。

[2] 同上，第 469~470 页。

国财政收入的比重。"

　　收入分配政策的调整引起了我国初次分配格局的变化(如图 5.1 所示),
自 1995 年开始我国劳动所得比重逐步下降、政府所得和资本所得比重逐步
上升,这说明我国初次分配格局随着初次收入分配政策的调整发生了变化。
2007 年,我国劳动份额的比例仅为 39.74%,达到了改革开放以来的最低点。

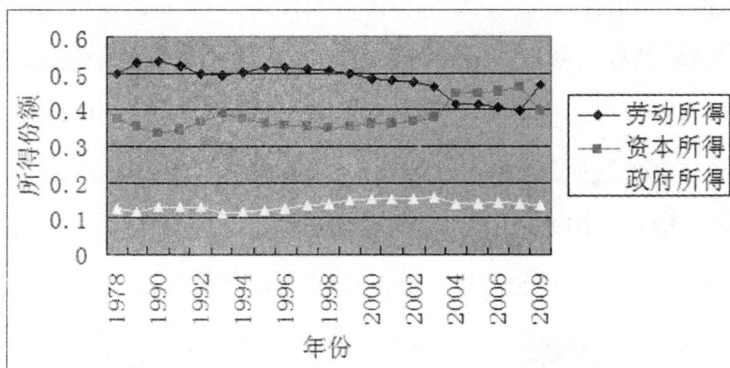

图 5.1　1978—2009 年我国初次分配格局

　　资料来源:根据《中国国内生产总值核算资料:1978—1995》《中国国内生产总值核算
资:1996—2002》《中国国内生产总值核算资料:1978—2004》以及 2005—2010 年《中国统
计年鉴》计算得出。

　　2007 年之后,我国初次分配政策开始了第三次调整,开始朝着有利于劳
动报酬增长的方向变化。2007 年,胡锦涛在党的十七大报告中指出:"初次分
配和再分配都要处理好效率和公平的关系,再分配更加注重公平。逐步提高
居民收入在国民收入分配中的比重,提高劳动报酬在初次分配中的比重。着
力提高低收入者收入,逐步提高扶贫标准和最低工资标准,建立企业职工工
资正常增长机制和支付保障机制。"[1] 2010 年,温家宝指出:"当前,收入分配
问题已经到了必须下大力气解决的时候。如果收入差距继续扩大,必将成为

---

　　① 胡锦涛:《高举中国特色社会主义伟大旗帜为夺取全面建设小康社会新胜利而奋斗——在
中国共产党第十七次全国代表大会上的报告》,http://cpc.people.com.cn/GB/64093/67507/6429851.html。

影响经济发展和社会稳定的重大隐患。"[1]随后，胡锦涛在全国劳动模范和先进工作者表彰大会上发表重要讲话，提出："提高劳动者报酬，让群众体面劳动。""十二五"规划进一步指出要"合理调整国家、企业、个人分配关系，努力实现居民收入增长和经济发展同步、劳动报酬增长和劳动生产率提高同步"。2010 年 11 月 18 日闭幕的十七届五中全会提出："合理调整收入分配关系，努力提高居民收入在国民收入分配中的比重、劳动报酬在初次分配中的比重。"政府领导人密集表态说明我国初次分配领域政策调整的力度在加大，2009 年我国劳动份额开始出现了上升的趋势。根据《中国统计年鉴》2010—2013 年的数据，2009—2012 年，劳动报酬比例分别为 40.61%、46.38%、43.62%、45.60%。2014—2017 年，我国劳动份额为 46.51%、46.38%、42.41%、47.76%。[2] 2017 年劳动份额相对于 2007 年提高了 8 个百分点，我国劳动报酬比例得到了很大的提高。这是党的十八大以来，习近平总书记高度重视劳动报酬问题在现实中的体现。2015 年，习近平在庆祝"五一"国际劳动节暨表彰全国劳动模范和先进工作者大会上的讲话中指出："党和国家要实施积极的就业政策，创造更多就业岗位，改善就业环境，提高就业质量，不断增加劳动者特别是一线劳动者劳动报酬。"[3]在 2017 年党的十九大报告中，习近平总书记继续强调"两个同步"。"坚持在经济增长的同时实现居民收入同步增长、在劳动生产率提高的同时实现劳动报酬同步提高。拓宽居民劳动收入和财产性收入渠道。"[4]履行好政府再分配调节职能，加快推进基本公共服务均

---

① 温家宝：《关于发展社会事业和改善民生的几个问题》，《求是》，2010 年第 4 期。

② 根据《中国统计年鉴 2010》至《中国统计年鉴 2019》年数据计算得出。2013 年数据与 2014 年数据同时提供了 2012 年收入法国内生产总值，2013 年数据空缺。

③ 习近平：《习近平在庆祝"五一"国际劳动节暨表彰全国劳动模范和先进工作者大会上的讲话》，人民网，2015 年 4 月 29 日。

④ 习近平：《决胜全面建成小康社会夺取新时代中国特色社会主义伟大胜利——在中国共产党第十九次全国代表大会上的报告》，2017 年 10 月 18 日，人民网：习近平系列重要讲话数据库。

等化,缩小收入分配差距。特别是在提高贫困人口收入方面,我国取得了举世瞩目的成就,这些指示和举措是提高我国劳动份额的重要推动力。但是我国劳动份额不足国民生产总值的一半,作为社会主义国家,劳动是我国劳动者获得收入的主要来源,同时比较国际上其它国家,我国劳动份额依然偏低。

我国劳动份额的演变趋势说明,政府初次分配政策的调整会引起劳动份额的变化,劳动份额演变的方向与政府分配政策调整的方向一致,因此政府收入分配政策调整的力度加大,是促成劳动份额上升的重要因素。

(二)劳动力供求市场的变化

我国劳动份额的长期下降与二元经济条件下我国劳动力长期供大于求有很大的关系。随着我国人口结构的变化,我国劳动力供给正在发生较大的变化,我国著名劳动经济学家蔡昉认为,"刘易斯拐点"已经到来。[①]

我国劳动力供求市场的变化,先是以"用工荒"的形式显现出来。2003年,部分企业开始出现用工短缺,2004年春节,在珠江三角洲地区出现了第一次"用工荒"。随后几年不仅在沿海用工地区,甚至在劳务输出省份,也出现了"用工荒"。王呈斌、毛晓燕通过对浙江省345家民营企业、11家人才市场问卷调查发现,29.7%民营企业面临"用工荒",员工缺口比率为28.5%,小企业"用工荒"现象尤为严重。[②]尤其是近几年,"用工荒"现象越来越严重。

---

① 参见蔡昉:《人口转变、人口红利与刘易斯转折点》,《经济研究》,2010年第4期。
② 参见王呈斌、毛晓燕:《后危机时代民营企业用工荒现象探析》,《经济理论与经济管理》,2010年第4期。

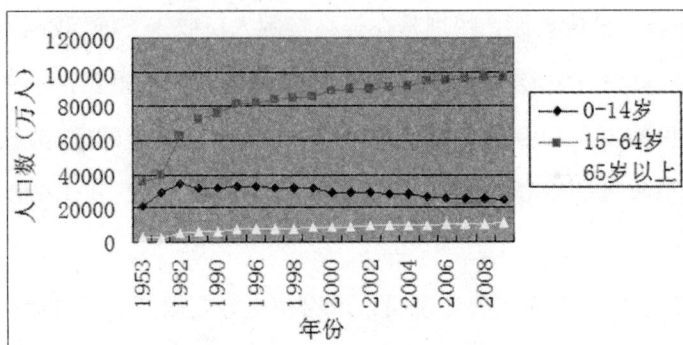

图 5.2　我国人口年龄变化趋势
资料来源:根据《2010 年中国就业与人口统计年鉴》计算得出。

　　我国劳动力市场供求关系改变的另一个表现是我国新增劳动人口在减少。如图 5.2 所示,我国劳动人口从新中国成立之后,特别是 1964 年之后,大幅度上升,1995 年之后开始放缓,特别是 2005 年之后,我国劳动人口放缓的趋势更加明显。2005 年,我国新增劳动人口为 2013 万人,2006—2009 年新增劳动人口分别为 871 万、765 万、847 万、804 万。[1]新增劳动人口的减少,说明我国未来劳动力供求关系会发生重大的变化,在正常经济发展的前提下,可能会出现全国性的供求平衡或者劳动力相对短缺的状况。

　　另外,伴随着我国劳动报酬下降,资本所得上升,我国居民非劳动收入增加。1998 年我国非劳动收入占城镇居民收入来源的 22.4%,2003 年上升到 29.3%,2009 年上升到 34.3%。[2]劳动者非劳动收入的增加会增加居民的效用水平,提高其预算约束线,因而引起劳动力供给的减少。[3]

　　我国劳动力供给的减少和居民非劳动收入的增加会引起劳动供给的减少,使劳动力供求关系发生有利于劳动者的变化,有利于劳动报酬的增加,因而会提高劳动份额。

---

① 　根据《2010 年中国就业与人口统计年鉴》计算得出。
② 　根据 1999—2010 年《中国统计年鉴》居民收入来源数据计算得出。
③ 　参见蔡昉等:《劳动经济学——理论与现实》,北京师范大学出版社,2009 年,第 79 页。

190 >>>>

（三）劳动者自身素质的不断提高

我国劳动者自身素质的提高首先表现在劳动者受教育程度的提高。我国劳动者文盲和小学文化程度所占的比例分别从 1997 年的 11.6%、34.8%下降到 4.77%、26.3%；初中、高中和大专以上文化程度分别从 1997 年的37.9%、12.1%、3.5%上升到 2009 年的 48.7%、12.78%、7.47%。劳动者受教育程度一方面会提高劳动者效率，使劳动者边际产品增加；另一方面，劳动者也要求企业补偿其人力资本投资部分，因此有利于劳动报酬的增加和劳动份额的提高。

其次，劳动者民主意识和保护自己权利的能力增强。劳动者受教育程度在提高的同时，也提高了劳动者的民主意识和保护自己权利的意识。近年来，我国劳动争议案件数量有了很大程度的增加，一方面说明围绕薪酬问题劳资的争议加大，另一方面也说明我国劳动者特别是进城务工人员保护自己权利的意识增强，"在就业方面他们和老一代进城务工人员最大的不同是，工资已经不是他们找工作的唯一考量因素，他们更在意工作环境的优劣、是否开心和个人价值的实现，工厂化、大规模、流水线式的枯燥工作环境已经难以让他们满意"[①]。

劳动者受教育程度的提高，不仅提高了其劳动者的技能，使劳动者劳动质量提升；同时也提高了劳动者的民主意识、法律意识和自我价值实现的需求，因此会对企业形成倒逼机制，促使劳动报酬增加和劳动份额的提高。

（四）市场的逐步统一

我国二元市场体现在两个方面：一是城乡劳动力市场的分割；二是体制

---

①　王珺：《破解"用工荒"和"就业难"并存的悖论》，http://news.sina.com.cn/c/sd/2010-04-19/112020104823_3.shtml。

内外劳动力市场的分割。劳动力市场的分割也是我国劳动份额下降的原因之一,随着城乡二元体系的逐步统一、事业单位和国有企业的改革,我国将逐步形成统一的劳动力市场。

制约我国长期二元分割的主要制度——户籍制度改革已经迈出了重要的步伐。2007年,公安部宣布,中国将大力推进以建立城乡统一的户口登记制度为重点的户籍管理制度改革,逐步取消农业户口、非农业户口的二元户口性质,实现公民身份平等。2008年6月30日,上海浦东新区正式对外宣布,一系列"居住证与户籍接轨"的探索将在浦东先行展开。吉林从2009年开始,在省内除长春、吉林外的其他地级市、县和县级市、小城镇,放开了落户条件,提出有合法固定住所、稳定职业或生活来源的进城务工人员,均可凭相关证明办理落户手续。2010年8月,重庆市《统筹城乡户籍制度改革农村居民转户实施办法》开始实施。这说明制约我国劳动力市场一元化的主要制度正在发生改变。

党的十八以来,党中央、国务院高度重视户籍制度改革工作。习近平总书记多次作出重要指示批示,先后主持召开中央全面深化改革领导小组会议、中央政治局常委会议和中央政治局会议,李克强总理主持召开国务院常务会议,研究审议进一步推进户籍制度改革的意见。党的十八大和十八届三中全会对加快推进户籍制度改革作出了部署,指明了方向,明确了路径。2014年7月24日国务院印发了《关于进一步推进户籍制度改革的意见》,《意见》紧紧围绕推进以人为核心的新型城镇化建设的内在要求,明确提出了进一步推进户籍制度改革的指导思想、目标任务、政策措施和实现路径,是指导当前和今后一个时期户籍制度改革的纲领性文件。与以往相比,这次出台的《意见》有三个明显特点:一是这次改革是对户籍政策的一次总体调整,是在中央对新型城镇化建设作出全面规划后,决定在全国实施差别化落户政策,这对合理布局大中小城市和小城镇、合理引导人口分布将产生十分重要的作用。二是这次改革是按照中央全面深化改革的总体部署进行的综合配套改革，与教育、就业、医疗、养老、住房保障、土地等方面的改革统筹配套、协同推进。三是这次改革是对新型户籍制度的一次整体构建，还包括统一城乡户口登记制度、建立居住证制度、健全人口信息管理制度等多个方面。可以说，这次户籍制度改革决心之大、力度之大、范围之广、措施之实是前所未有的。

另外，我国体制内外的劳动力市场的分割也在逐步发生改变。2011年11月24日，《事业单位人事管理条例（征求意见稿）》公布，该条例对我国事业单位人员聘用和事业单位工资人员的工资福利和社会保险作出了更加具体的规定。其中第10、11条规定：事业单位新进人员应当公开招聘。公开招聘不得设置歧视性条件。第14条规定了公开招聘严格的程序进行。①事业单位人事制度的改革有利于体制间劳动力的流动。

一元化劳动力市场的逐步建立，会促进劳动力的合理流动，减少劳动力流动的成本，减少摩擦性失业，因而有了劳动者报酬的增加和劳动份额的提高。

二、促使我国劳动份额下降的因素

（一）产业结构变化

产业结构对劳动份额的影响主要分为两个方面：第一，产业间的转移对劳动份额的影响在产业结构转变的过程中，必然伴随着劳动力的重新配置，使就业结构发生改变，从而影响劳动份额，这种效应称为结构效应。第二，产

---

① 国务院法制办公室：《事业单位人事管理条例（征求意见稿）》，http://www.gov.cn/gzdt/2011-11/24/content_2002227.htm。

业自身变化对劳动份额的影响伴随着劳动生产率的提高，资本有机构成的变化，也会影响劳动份额，这种效应称为分配性效应。

产业间转移对劳动份额的影响。对于我国来说（参见图 2.7），我国三大产业劳动份额差别较大，第一产业劳动份额特别高，第三产业略高于第二产业。2007 年，我国第一、二、三产业劳动份额分别为 94.5%、34.2%、39.8%。因此，在我国产业结构从第一产业向第二产业转变中劳动份额会下降；而从第二产业向第三产业转变中劳动份额会上升。2009 年，我国第一、二、三产业的就业人口比例分别为 38.1%、27.8%、34.1%，这说明我国就业人口主要从劳动份额极高的第一产业转移到劳动份额较低的第二、三产业，必然会引起劳动份额的下降。

产业内部变化对劳动份额的影响。随着生产力的发展，技术水平的提高，第二产业的资本有机构成会不断提高。1978 年，我国工业就业人口为6945 人，到 2009 年增加到 21684 人，而不变价格计算的产值增加了 28.49倍。工业产值增加的速度远大于其就业人口的速度。资本有机构成的提高将减少对劳动者的需求，因而会降低我国劳动份额。

当然，第三产业的发展会增加劳动份额，但是我国第二、三产业间劳动份额并无太大差距。因此，总体上产业结构的变化会导致劳动份额的下降。

1995—2007 年我国劳动份额下降的实证分析表明，产业结构的变化是我国劳动份额下降的主要原因，其显著性水平极其显著，回归系数也最大，产业结构的变化将会对我国未来劳动份额的趋势产生重要的影响，成为制约我国劳动份额上升的主要因素。

(二)经济全球化

关于经济全球化对我国劳动份额的影响是存在争议的。姜磊利用1997—2007 年面板数据研究了对外贸易对我国劳动份额的作用，认为对外贸易对我国劳动份额的影响总体为正面的影响。[①]张全红利用 1993—2004 年省级面板的数据研究却得出了不同的结论，进出口和外商直接投资对劳动份额的影响为负。[②]使用相同的方法，得出不同的结论，一是因为选用的解释变量不同，张全红选择的解释变量为资本产出比，对外出口与 GDP 的比例、外商直接投资与 GDP 的比例、第三产业产值与 GDP 比例、人均 GDP 的对数、6 岁以上人口的受教育水平。姜磊等选用的解释变量为就业压力、劳均资本存量、劳动者教育水平、从业人员加入工会的比例、贸易开放度、政府干预、二元经济发展水平、市场化程度等指标。二是选择的数据时间不同，张全红使用的是 1993—2004 年数据，而姜磊使用的是 1997—2007 年数据。

　　国外的研究基本上与张全红的论点比较一致。Harrison 对 100 多个国家的劳动份额进行了跨国研究。他的研究表明：伴随着全球化发达，国家劳动收入份额总体上升，而发展中国家的劳动份额呈总体下降趋势。[③]Decreuse 和 Maarek 研究了 FDI 对发展中国家劳动份额的影响，研究发现 FDI 总体上降低了发展中国家的劳动份额。[④]

　　对于经济全球化对我国劳动份额的影响，学者们没有注意到的问题是 2001 年加入 WTO 之后和之前，经济全球化对我国劳动份额的影响可能不同。我们可以参照第三章的模型，分别利用 1993—2009 年、1993—2001 年、2002—2009 年建立面板数据，研究经济全球化对我国劳动份额的影响，估计

---

　　① 参见姜磊、张媛:《对外贸易对劳动分配比例的影响——基于中国省级面板数据的分析》，《国际贸易问题》，2008 年第 10 期。

　　② 参见张全红:《我国劳动收入份额影响因素及变化原因——基于省际面板数据的检验》，《财经科学》，2010 年第 6 期。

　　③ See Ann E. Harrison, *Has Globalization Eroded Labor's Share? Some Cross-Country Evidence*, UC Berkeley, 2002, Mimeo:46.

　　④ See Subramanian, Arvind, *What is China Doing to Its Workers?*, *Business Standard*, 2008(2).

结果见表 5.1。[①]

表 5.1　不同样本对模型的个体固定效应估计结果

解释变量	被解释变量:劳动份额(LS)		
	1993—2009 年	2002—2009 年	1993—2001 年
TRA	−0.013#(−1.605)	−0.052***(−3.515)	0.001(0.241)
FDI	0.002(0.372)	−0.053#(−1.455)	0.0007(0.109)
UNR	−0.173(−0.969)	−0.226(−0.684)	−0.098(−0.587)
EDU	0.004*(1.651)	0.007(0.758)	0.003*(1.784)
UNI	−0.095 ***(−6.786)	−0.106***(−3.453)	−0.031**(−2.51)
LCAP	1.23E−07*(1.797501)	3.32E−07***(3.366)	−3.45E−08(−0.254)
MAR	−0.00003(−0.002)	−0.242***(−4.841)	0.008(0.541)
GOV	0.078***(3.693)	0.098***(3.588)	−0.109**(−1.975)
DUA	−0.893***(−13.014)	−0.596***(−3.281)	−0.353***(−6.439)
D−W 值	0.883	1.279	1.111
修正的 R²	0.792	0.781	0.942

注:括号内为 t 统计量:#、*、**、*** 分别代表 20%、10%、5%、1%显著性水平

由表 5.1 的第 1 列可以看出,1993—2009 年进出口贸易对劳动份额的影响为负,只在 20%水平上具有显著性;外商直接投资对劳动份额的影响为正,但并不具有显著性。表的第 2 列显示,2002—2009 年进出口贸易对劳动份额的影响为负,并且在 1%水平上具有显著性;外商直接投资对劳动份额的影响也为负,并且在 20%水平上具有显著性。表的第 3 列显示,1993—2001 年进出口贸易对劳动份额的影响为正,外商直接投资对劳动份额的影响为正,两项指标都不具有显著性。由此我们可以得出结论:经济全球化对我国劳动份额的影响为负,并且主要发生在 2002—2009 年。

确切地说,我国融入经济全球化的进程是 2001 年 12 月加入 WTO 之后,因此 2002—2009 年的数据及其估计结果更能准确地说明,经济全球化对我国劳动份额的影响,即经济全球化对我国劳动份额的影响为负,经济全

---

　① 具体三种估计方法的论证参见第三章第二节。该数据结果均进行了稳健性检验,结果显示,模型的设定是合适的,估计结果具有稳健性。

球化可能成为我国劳动份额下降的原因之一。

（三）政府收入的增加

根据政府取得收入的统计口径不同，可以将我国宏观税收负担分为大、中、小三个统计口径来分析。税收收入占 GDP 的比重，可以称为小口径的宏观税收负担。财政收入占 GDP 的比重，即税收收入和预算内的非税收入占 GDP 的比重，可以称为中口径的宏观税负。政府收入占 GDP 的比重，即财政收入及制度外收入占 GDP 的比重为大口径的宏观税收负担。

第四章使用预算收入和预算外收入作为政府收入的代理变量，即中口径的宏观税负，利用 1993—2009 年数据，估计了政府对我国劳动份额的影响，结果显示政府支出对我国劳动份额的影响为负。图 5.3 显示了我国三种口径宏观税负的变化，我国中口径统计的宏观税负呈上升趋势，这意味着我国宏观税负的上升会降低劳动份额。

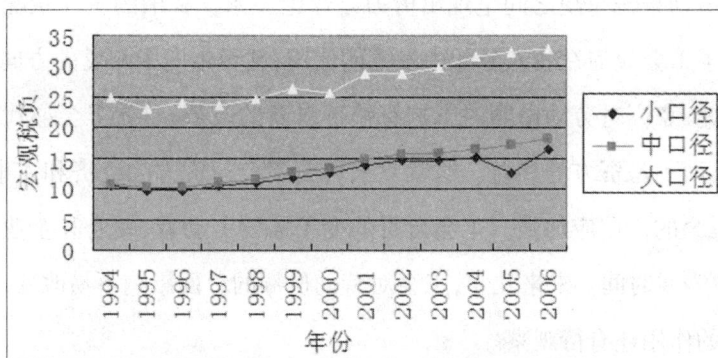

图 5.3　1994—2006 年我国三种口径宏观税负的变化

资料来源：伍云峰：《对我国当前宏观税负水平的测度与评析》，《南昌大学学报》，2008 年第 3 期。

制度外收入的增加也会降低劳动份额。王小鲁对我国 2008 年 19 个省份、64 个规模城市和 14 个县的调查数据显示，制度外收入的增加降低了我国劳动份额。[①]另外,我国制度外收入增加迅速,并且数额巨大。2009年,仅土地出让金一项已经达到1.5万亿元,这相当于财政预算的20%。按照大口径的宏观税负,我国2006年宏观税负已经达到32.89%(如图5.3),制度外收入的增加,极度挤压了劳动报酬,成为促使我国劳动份额下降的原因之一。

总之,政府收入的增加会降低劳动份额,在未来也是促使我国劳动份额下降的原因之一。

(四)工会的作用

由于劳动者在与资方谈判中处于弱势,因而形成了联合的组织——工会。从理论上来说,就业人员加入工会比例的增加会提高劳动份额。然而在我国的经验分析显示,就业人员加入工会的比例对劳动份额的影响为负。但是由于我国企业工会的行政化管理,很多企业在保护工人的利益时作用有限,更有甚者成为保护资方利益的工具。张原、陈建奇的研究显示,中国工会与行业劳动报酬差距之间呈现出剪刀差悖论关系,我国的实际状况已经完全背离了工会应当在收入分配中发挥的作用,甚至走向了相反的方向。

因此,工会对劳动份额的影响有赖于自身的改革,首先工会应代表工人的利益,而不是资方的利益。这就要求切断工会与资方的经济和人事关系。其次,工会的作用应加强。工会自身的变革需要劳动者、政府和企业共同的努力,更需要时间。未来几年,工会对劳动份额的负面影响不易改变,工会继续发挥的作用还有待观察。

---

① 参见王小鲁:《灰色收入与国民收入分配》,载迟福林主编:《破题收入分配改革》,中国经济出版社,2011年,第143~178页。

三、合力约束下的劳动份额变动趋势

在决定我国劳动份额发展趋势的各因素中，既存在着促使劳动份额上升的力量，如：政府初次分配政策调整、劳动力供求市场的变化、劳动者自身素质的不断提高、市场的逐步统一；也存在着引致我国劳动份额提高，使我国劳动份额下降的力量，如：产业结构的变化、经济全球化、政府收入的增加及工会的作用。

除以上各种因素外，还有其他因素也会对劳动份额产生影响，如技术进步的偏导性。劳动节约型技术不利于劳动份额的提高，中型的资本节约型技术有利于劳动份额的提高，但是技术进步的变化可以通过人均资本存量的变化反映在劳动力供求市场上。

但是就我国来讲，决定劳动份额的主要力量是政府政策、劳动力市场、经济全球化、转型期社会特殊的经济制度。这些基本的决定因素会决定劳动份额的主要发展趋势。通过分析这些力量的消长，也能大体预测我国未来劳动份额的演变趋势。

市场是决定劳动报酬的基本力量，从劳动力市场本身来说，我国劳动份额会进入一个上升的通道。加上政府收入分配政策的调整、劳动者素质的提高、统一市场的逐步形成，会汇聚成一股强有力的上升力量，推动我国劳动份额进入上升的空间。然而市场结构的调整和政府收入的增加也会成为抑制劳动份额上升的一股强大力量，加上经济全球化、工会在保护劳动者利益上的弱势甚至逆向，也会汇聚成一股强有力的抑制劳动份额上升的因素。

从市场本身来讲，随着"刘易斯拐点"的到来，我国就业人口压力的减小，劳动份额会迅速上升。在这其中，政府会起着关键性作用。政府支出和政府政策本身就与政府直接相关，另外无论是统一市场的建立、工会的改革、工资决定机制的建立和完善都有赖于相关制度改革，因此政府自身的变革及相关制度变革是制约我国未来劳动份额提高快慢和幅度的关键。

总之，我国劳动份额未来的发展趋势有赖于各种决定力量的相互作用，总体会继续呈上升的趋势，其上升的速度和幅度主要有赖于政府的相关制度变革。

小　　结

本章首先分析了劳动份额稳定性与非稳定性规律、劳动份额演变的 U 型规律。在此基础上，结合工资上下限理论提出了我国劳动份额演变的基本规律：第一，劳动份额的演变趋势受到劳动份额决定性因素力量的制约，这些决定性因素分为生产力和生产关系两个层面。第二，劳动份额的波动存在一个区间，其下限略低于劳动力基本生活资料价值的水平，其上限略高于劳动力边际收益；劳动份额究竟落在哪一点上，既取决于劳资之间的争议，也取决于我国的制度性调整。第三，我国劳动份额的演变可能存在着一个 U 型规律，即先上升后下降；但是具体的形状是扁平还是陡峭，在哪一点进入上升的通道，还有赖于我国相关制度调整的结果。

其次，具体分析了我国劳动份额的基本决定因素。在决定我国劳动份额发展趋势的各因素中，既存在着促使劳动份额上升的力量，如：政府初次分配政策调整、劳动力供求市场的变化、劳动者自身素质的不断提高、市场的逐步统一；也存在着引致我国劳动份额提高，使我国劳动份额下降的力量，如：产业结构的变化、经济全球化、政府收入的增加及工会的作用。

最后，根据我国劳动份额演变规律，提出我国劳动份额未来发展趋势。从市场本身来讲，随着"刘易斯拐点"的到来，我国就业人口压力的减小，劳动份额会迅速的上升,也就是说,劳动份额会继续 2007 年的上升趋势。在这其中,政府会起关键性作用,政府自身的变革及相关制度变革是制约我国未来劳动份额提高快慢和幅度的关键。

结　语

一、本书的主要结论和贡献

本书研究了我国劳动份额演变的趋势、原因,提出了提高我国劳动份额的措施,并在理论分析和经验分析结合的基础上预测了我国劳动份额的未来发展趋势,其主要结论和贡献如下:

(一)劳动份额理论比较分析

从生产关系角度分析劳动份额是马克思主义劳动份额理论的特色,从生产力的角度分析劳动份额是西方主流经济学的特色,我国劳动份额的分析应从生产力和生产关系结合的角度入手。我国劳动份额制约因素体系包括与西方经济体一致的基本因素,也由于我国特殊的经济制度,使我国劳动份额决定因素体系体现中国特色,使我国劳动份额演变趋势也表现出不同的特征。

(二)劳动份额演变的趋势

从时间趋势上来说,我国在改革开放之前存在着劳动份额总体下降的趋势和劳动份额偏低的事实;改革开放之后劳动份额经历了三次上升和两次下降的趋势。从区域趋势上来说,在劳动报酬总量比例上,劳动报酬向东部倾斜,中西部劳动报酬比例不断下降,区域间劳动报酬拉大。从产业趋势来说,我国第一产业劳动份额远高于第二、三产业劳动份额,在产业结构从第一、二产业转向第二、三产业过程中,劳动份额出现了大幅度下降。从中外演变趋势比较来看,目前我国劳动份额相对于发达国家和其他中等发达国家相对偏低,但是在发展中国家处于较高的水平。

(三)劳动份额演变主要原因及决定因素

引起我国劳动份额上升的主要原因有:政府政策、劳动力市场变化和经济全球化。引起劳动份额下降的主要原因有:人均资本存量的增加、就业压力的上升、工会议价能力的逆向、市场化程度的提高和二元经济结构。其中,就业压力的增加和二元经济结构的变化是引起劳动份额下降的主要原因。结合理论分析,我国劳动份额的主要决定性因素为:政府政策、劳动力市场、经济全球化、转型期社会特殊的经济制度。劳动份额决定因素是变化的,因素变化存在着不确定性和模糊性。

(四)提高劳动份额的措施体系

提高劳动份额应在科学发展观指导下提高劳动份额,以在发展中提高劳动份额为目标;在提高劳动份额中,政府起着重要的作用,政府在提高劳动份额中有效作用的发挥有赖于政府自身的改革。提高我国劳动份额,一是建立就业优先的体制机制,形成有利于劳动报酬提高的劳动报酬形成机制;

二是建立有利于劳动报酬增长的机制，保证劳动报酬随着劳动生产率的增长而增长；三是健全相关法律法规，保障劳动者的利益。

（五）未来劳动份额发展趋势

在决定我国劳动份额发展趋势的各因素中，既存在着促使劳动份额上升的力量，如：政府初次分配政策调整、劳动力供求市场的变化、劳动者自身素质的不断提高、市场的逐步统一；也存在着引致我国劳动份额提高，使我国劳动份额下降的力量，如：产业结构的变化、经济全球化、政府收入的增加及工会的作用。总体上来说，劳动份额会继续上升趋势，其中政府起着关键性作用，政府自身的变革及相关制度变革是制约我国未来劳动份额提高快慢和幅度的关键。

二、研究中存在的缺憾

由于个人知识结构和研究能力及经济条件的限制，本书也存在以下缺憾。

（一）数据来源

本书使用的数据来源于间接数据，一是国家统计局公布的《中国统计年鉴》《中国劳动年鉴》《中国教育年鉴》《中国人口和就业统计年鉴》等及各省统计年鉴、《新中国六十年统计资料汇编》。二是来源于相关学者的整理数据，如《中国国内生产总值核算历史资料》（1952—1995）、《中国国内生产总值核算历史资料》（1996—2002）、《中国国内生产总值核算历史资料》（1952—2004）、《中国省际物质资本存量估算》等。三是来源于相关学者的调查资料整理。如改革开放之前的劳动份额数据、我国三种口径的宏观税负等。无论是国家统计局公布的官方数据，还是学者们的整理数据和调查数据均属于二手数据。

　　数据本身的质量可能会影响分析的结论。为弥补这一缺陷,作者选用了官方数据和权威学者的数据,然而仍然是二手数据。由于使用面板数据的分析方法,数据量较大,本书使用了 1978—2009 年 31 年,不含西藏的 29 个省市自治区、9 个变量, 计算数据达到 10000 条以上, 原始数据在 40000 条以上。如此庞大的数据量,如果使用直接数据,对于一个博士研究生来说,若没有相关经费的支持,那是不可能的。但是如果能够选取代表性的地区和企业,做小样本的调查,还是可行的,但是由于经济的限制,研究未能充分展开。

　　(二)文化因素对我国劳动份额的影响

　　本书对劳动份额的研究主要限于马克思主义经济学和西方主流经济学及经济学分支劳动经济学、发展经济学、政府经济学等经济学领域,也汲取了管理学、政治学等相关学科的内容,但文化因素对劳动份额的影响并没有纳入研究的范围。

　　笔者忽略了文化因素对劳动份额的影响。一是因为文化因素对劳动份额的影响已经渗透到生产力和生产关系的各个方面, 它的作用已经间接体现出来;二是因为文化因素属于意识形态,与生产力、经济基础等因素处于同一个层面, 其对劳动份额的影响应该被独立出来, 作为一个新的研究对象。但由于笔者的知识结构和精力所限,这方面的研究并未展开。

三、有待进一步研究的问题

　　未来有关劳动份额的研究,可就下面几个问题作进一步分析。

（一）小样本数据的直接调查

鉴于数据质量对经验分析的重要性和经费的限制，可以采用小样本数据的直接调查。可以选择某个地市甚至几个代表性的区县的劳动报酬数据作直接调查，得出一手数据；在对数据进行处理的基础上，对劳动份额的发展趋势及影响因素作出分析。也可以选择不同行业的企事业单位，对劳动报酬数据作直接调查，分析我国行业内部劳动份额的差距。随着我国垄断行业与普通行业收入差距的拉大，行业间劳动报酬的差距也应成为一个重要的主题。

（二）文化因素对劳动份额的影响

劳动份额问题主要属于经济问题，对劳动份额的研究学者们大部分也只停留在经济层面。按照马克思主义的辩证唯物主义理论，生产力决定生产关系，经济基础决定上层建筑，上层建筑的性质决定了意识形态；反过来意识形态也会反作用于上层建筑，因而反作用于生产关系，进一步反作用于生产力。因此劳动份额问题的深入研究，应突破经济层面，不仅从生产力和生产关系的角度研究劳动份额，还应研究文化因素对劳动份额的影响。注重文化因素对我国劳动份额的影响，也是我国建设文化强国和提高劳动份额的双重需求。

（三）对劳动份额决定因素的深入分析

本书沿着理论推理和经验分析两条不同路径，概括和总结出了我国劳动份额的决定因素，并且提出这些因素存在着不确定性和模糊性。而对于这些因素的不同作用、时间差异、区域差异等方面没有深入展开。尤其是主要驱动因素及其变化对于理解我国劳动份额的演变规律具有重要意义。

(四)其他方面

劳动报酬、劳动份额属于初次分配领域,可以将研究对象拓展到整个初次分配领域。在空间上也可以作更多的比较分析,尤其是英国、美国和加拿大进入现代化时期的劳动份额演变规律及政策措施;也可以从某个因素出发研究互动优化关系,如劳动力市场结构与产业结构升级,劳动力市场结构与技术创新等。

参考文献

一、中文书籍

1.《马克思恩格斯选集》(第一卷),人民出版社,1995 年。

2.《马克思恩格斯选集》(第二卷),人民出版社,1995 年。

3.《马克思恩格斯选集》(第三卷),人民出版社,1995 年。

4.《马克思恩格斯选集》(第四卷),人民出版社,1972 年。

5.《马克思恩格斯全集》(第 42 卷),人民出版社,1979 年。

6.《资本论》(第一卷),人民出版社,1975 年。

7.《资本论》(第二卷),人民出版社,2018 年。

8.《资本论》(第三卷),人民出版社,1975 年。

9.《毛泽东选集》(第一卷),人民出版社,1991 年。

10.《毛泽东选集》(第二卷),人民出版社,1991 年。

11.《毛泽东选集》(第三卷),人民出版社,1991 年。

12.《毛泽东文集》(第七卷),人民出版社,1999 年。

13.《邓小平文选》(第一卷),人民出版社,1994年。

14.《邓小平文选》(第二卷),人民出版社,1994年。

15.《邓小平文选》(第三卷),人民出版社,1993年。

16.《江泽民文选》(第一卷),人民出版社,2006年。

17.《江泽民文选》(第二卷),人民出版社,2006年。

18.《江泽民文选》(第三卷),人民出版社,2006年。

19.胡锦涛:《高举中国特色社会主义伟大旗帜为夺取全面建设小康社会新胜利而奋斗》,人民出版社,2009年。

20.《中国统计年鉴》,中国统计出版社,1985年。

21.蔡昉等:《劳动经济学——理论与现实》,北京师范大学出版社,2009年。

22.曾湘泉、郑功成:《收入分配与社会保障》,中国劳动社会保障出版社,2002年。

23.陈征:《〈资本论〉与当代中国经济》,社会科学文献出版社,2008年。

24.迟福林:《破题收入分配制度改革》,中国经济出版社,2011年。

25.董全瑞:《收入分配差距因素论》,中国社会科学出版社,2008年。

26.樊纲:《现代三大理论体系的比较与综合》,上海人民出版社,1990年。

27.傅小随:《中国行政体制改革的制度分析》,国家行政学院出版社,1999年。

28.高波、张志鹏:《发展经济学——要素、路径与战略》,南京大学出版社,2008年。

29.顾海良:《马克思经济思想的当代视界》,经济科学出版社,2005年。

30.顾海良:《马克思经济思想概论》,经济科学出版社,2008年。

31.国家统计局:《国际统计年鉴》,中国统计出版社,1995-2009年。

32.国家统计局国民经济综合统计司:《新中国六十年统计资料汇编》,中国统计出版社,2009年。

33.国家统计局人口和就业统计司、人力资源和社会保障部规划财务司:1989-2010年《中国劳动统计年鉴》,中国统计出版社,1989-2010年。

34.国家统计局人口和就业统计司:1988-2010年《中国人口和就业统计年鉴》,中国统计出版社,1988-2010年。

35.郝枫:《中国要素价格决定机制研究——国际经验与历史证据》,天津财经大学博士论文,2008年。

36.洪银兴、葛扬、秦兴:《〈资本论〉的现代解析》,经济科学出版社,2005年。

37.洪银兴:《〈资本论〉与马克思主义经济学中国化》,经济科学出版社,2009年。

38.洪银兴:《发展经济学与中国经济发展》(第2版),高等教育出版社,2005年。

39.洪银兴:《以制度和秩序驾驭市场经济:经济转型阶段的市场秩序建设》,人民出版社,2005年。

40.胡鞍钢、王绍光:《政府与市场》,中国计划出版社,2000年。

41.黄恒学:《公共经济学》,北京大学出版社,2009年。

42.刘尚希:《收入分配循环论:经济科学文库》,中国人民大学出版社,1992年。

43.裴小革:《财富与发展:〈资本论〉与现代经济学理论研究》,江苏人民出版社,2005年。

44.钱震杰:《中国国民收入的要素分配份额分析》,清华大学博士论文,2008年。

45.全国人大财经委专题调研组:《国民收入分配若干问题研究》,中国财政经济出版社,2010年。

46.苏海南:《收入分配之我见》,中国财政经济出版社,2011 年。

47.孙洛平:《收入分配原理》,上海人民出版社,1996 年。

48.田伟民:《最优国民收入分配研究》,南开大学博士论文,2009 年。

49.徐滇庆、李瑞:《政府在经济发展中的作用》,上海人民出版社,1999 年。

50.许宪春:《中国国内生产总值核算历史资料:1952-1995》,东北财经大学出版社,1997 年。

51.许宪春:《中国国内生产总值核算历史资料:1952-2004》,中国统计出版社,2007 年。

52.许宪春:《中国国内生产总值核算历史资料:1996-2002》,中国统计出版社,2004 年。

53.薛进军:《中国的不平等:收入分配差距研究》,社会科学文献出版社,2008 年。

54.于国安、曲永义:《收入分配问题研究》,经济科学出版社,2008 年。

55.张国芝:《现代创业者企业剩余索取权分配模式研究》,复旦大学博士论文,2007 年。

56.张军、周黎安:《为增长而竞争》,上海人民出版社,2008 年。

57.赵人伟:《紫竹探真:收入分配及其他》,上海远东出版社,2007 年。

58.中国经济改革研究基金会、中国经济体制改革研究会联合专家组:《收入分配与公共政策》,上海远东出版社,2005 年。

59.周文兴:《中国:收入分配不平等与经济增长:公共经济与公共管理的制度创新基础》,北京大学出版社,2005 年。

60.周振华、杨宇立:《收入分配与权利、权力》,上海社会科学院出版社,2005 年。

61.周振华:《收入分配》,上海人民出版社,2003 年。

62.朱光磊:《贫富差距与政府控制》,上海三联书店,2002 年。

63.左然、周志忍、毛寿龙:《新兴现代化国家行政改革研究》,国家行政学院出版社,1999年。

二、期刊

1.白重恩、钱震杰:《国民收入的要素分配:统计数据背后的故事》,《经济研究》,2009年第3期。

2.白重恩、钱震杰:《谁在挤占居民的收入——中国国民收入分配格局分析》,《中国社会科学》,2009年第5期。

3.蔡昉:《人口转变、人口红利与刘易斯转折点》,《经济研究》,2010年第4期。

4.戴园晨、黎汉明:《工资慢蚀利润》,《经济研究》,1988年第6期。

5.辜胜阻、李华:《以"用工荒"为契机推动经济转型升级》,《中国人口科学》2010年第3期。

6.韩金华、李忠华、白子芳:《改革开放以来劳动报酬占初次分配比重演变轨迹,原因及对策研究》,《中央财经大学学报》,2009年第12期。

7.贺铿:《收入分配行为与社会公平原则》,《经济纵横》,2006年第5期。

8.洪银兴:《像重视消费力那样重视生产力》,《当代经济》,2008年第6期。

9.胡靖春:《论美国社会价值观变迁对劳资关系与劳动报酬的影响》,《中国社会科学院研究生院学报》,2010年第6期。

10.黄先海、徐圣:《中国劳动收入比重下降成因分析》,《经济研究》,2009年第7期。

11.姜磊、郭玉清:《法治水平、政府规模与服务业发展——基于中国地区面板数据的分析》,《山西财经大学学报》,2008年第4期。

12.姜磊、黄川:《略论金融发展与劳动报酬比例——基于中国省级面板数据的分析》,《经济问题》,2008年第10期。

13.姜磊、王昭凤:《就业压力与劳动者报酬比例——基于我国省级面板数据的分析》,《当代财经》2008年第8期。

14.姜磊、张彤玉:《女性就业人员比重和劳动收入份额——基于中国省级面板数据的分析》,《当代经济研究》,2008年第12期。

15.姜磊、张媛:《对外贸易对劳动分配比例的影响——基于中国省级面板数据的分析》,《国际贸易问题》,2008年第10期。

16.姜磊:《我国劳动分配比例的变动趋势与影响因素——基于中国省级面板数据的分析》,《当代经济科学》,2008年第4期。

17.李稻葵、刘霖林、王红领:《GDP中劳动份额演变的U型规律》,《经济研究》,2009年第1期。

18.李实、魏众、丁赛:《中国居民财产分布不均等及其原因的经验分析》,《经济研究》,2005年第6期。

19.李实:《对收入分配研究中几个问题的进一步说明——对陈宗胜教授评论的答复》,《经济研究》,2000年第6期。

20.李雪筠:《建立正常的国民收入分配机制缩小居民收入差距》,《财政研究》,2003年第6期。

21.李杨:《收入功能分配的调整:对国民收入分配向个人倾斜现象的思考》,《经济研究》,1992年第7期。

22.梁东黎:《初次分配格局的形成和变化的基本规律》,《经济学家》,2008年第5期。

23.林毅夫、刘培林:《中国的经济发展战略与地区收入差距》,《经济研究》,2003年第3期。

24.林毅夫:《以初次分配实现公平和效率的统一》,《党政干部文摘》,2007年第6期。

25.刘国光:《提高消费率是扩大内需的必由之路》,《中国经贸导刊》,2002 年第 8 期。

26.刘丽:《经济增长过程中工资分配的变动——基于中国经济数据的实证分析》,《当代经济科学》,2008 年第 4 期。

27.龙斧、刘媛媛:《从资本属性看劳资关系的平等性和公平性》,《当代经济研究》,2009 年第 2 期。

28.罗长远:《卡尔多"特征事实"再思考:对劳动收入占比的分析》,《世界经济》,2008 年第 11 期。

29.马秀贞:《社会分配:效率与公平关系及其有效处理》,《国家行政学院学报》,2008 年第四期。

30.汪同三:《改革收入分配体系解决投资消费失调》,《金融纵横·财富》,2007 年第 22 期。

31.汪玉凯:《分配制度改革取决政府能否约束自身理》,《理论参考》,2006 年第 10 期。

32.王呈斌、毛晓燕:《后危机时代民营企业用工荒现象探析》,《经济理论与经济管理》,2010 年第 4 期。

33.王诚:《劳动力供求"拐点"与中国二元经济转型》,《中国人口科学》,2005 年第 6 期。

34.王弟海:《从收入分配和经济发展的角度看我国的最低工资制度》,《浙江社会科学》,2011 年第 2 期。

35.王小鲁:《灰色收入拉大居民收入差距》,《中国改革》,2007 年第 7 期。

36.王振中:《劳动与资本在分配中的地位》,《中国社会科学院院报》,2003 年第 1 期。

37.温家宝:《关于发展社会事业和改善民生的几个问题》,《求是》,2010 年第 4 期。

38.伍云峰:《对我国当前宏观税负水平的测度与评析》,《南昌大学学报》,2008 年第 3 期。

39.向书坚:我国功能收入分配格局分析,《统计研究》,1997 年第 6 期。

40.项怀诚:《在改革中前进的中国财政》,《财政研究》,1987 年第 2 期。

41.肖冬连:《中国二元社会结构形成的历史考察》,《中共党史研究》,2005 年第 1 期。

42.肖红叶、郝枫:《中国收入初次分配结构及其国际比较》,《财贸经济》,2009 年第 2 期。

43.萧琛等:《"民工荒"的原因、应对与劳工市场制度变革前景》,《社会科学战线》,2010 年第 11 期。

44.信卫平:《关于提高劳动收入的宏观思考》,《宏观经济管理》,2007 年第 2 期。

45.徐平生:《居民实际可支配收入占 GDP 比重何以出现持续下降》,《上海证券报》,2006 年第 8 期。

46.徐伟、宁越敏:《中国三大城市化区域劳动力市场结构分割研究》,《世界地理研究》,2009 年第 6 期。

47.徐现祥、王海港:《我国初次分配中的两极分化及成因》,《经济研究》,2008 年第 2 期。

48.杨俊、邵汉华:《资本深化,技术进步与全球化下的劳动报酬份额》,《上海经济研究》,2009 年第 9 期。

49.易培强:《关于收入初次分配制度建设的思考》,《湖南师范大学社会科学学报》,2007 年第 4 期。

50.张车伟、张士斌:《中国初次收入分配格局的变动与问题——以劳动报酬占 GDP 份额为视角》,《中国人口科学》,2010 年第 5 期。

51.张国藩,邹伟进:《我国剪刀差问题新探》,《价格理论与实践》,1993 年第 1 期。

52.张红奎:《关于中国劳动力工资、产业结构和收入差距的实证研究》,《特区经济》,2006 年第 10 期。

53.张虎、梁东黎:《我国劳动份额研究:基于马克思的方法》,《当代经济研究》,2009 年第 10 期。

54.张杰、刘志彪:《需求与我国自主创新能力的形成:基于收入分配视角》,《经济与管理研究》,2008 年第 2 期。

55.张军、吴桂英、张吉鹏:《中国省际物质资本存量估算:1952-2001》,《经济研究》,2004 年第 10 期。

56.张全红:《我国劳动收入份额影响因素及变化原因——基于省际面板数据的检验》,《财经科学》,2010 年第 6 期。

57.张原、陈建奇:《工会与行业劳动报酬的剪刀差悖论:基于中国数据的经验研究》,《经济评论》,2010 年第 5 期。

58.章上峰、许冰:《初次分配中劳动报酬比重测算方法研究》,《统计研究》,2010 年第 8 期。

59.赵俊康:《我国劳资分配比例分析》,《统计研究》,2006 年第 12 期。

60.郑秉文:《如何从经济学角度看待"用工荒"》,《经济学动态》,2010 年第 3 期。

61.郑志国:《中国企业利润侵蚀工资问题研究》,《中国工业经济》,2008 年第 1 期。

62.周小亮、孔令军:《体制改革绩效评价应从单一维度标准转向多元化标准》,《马克思主义研究》,2010 年第 1 期。

63.卓勇良:《关于劳动所得比重下降和资本所得比重上升的研究》,《浙江社会科学》,2007 年第 3 期。

三、中译文

1.[英]C.V.布朗,P.M.杰克逊:《公共部门经济学》,张馨主译,中国人民大学出版社,2000年。

2.[印度]阿马蒂亚·森:《以自由看待发展》,任赜、于真译,中国人民大学出版社,2002年。

3.[美]阿西马科普洛斯:《收入分配理论》,赖德胜等译,商务印书馆,1995。

4.[美]奥肯·阿瑟:《平等与效率:重大的抉择》,王奔洲、叶南奇译,中国华夏出版社,1987年。

5.[英]彼罗·斯拉法编:《李嘉图著作和通信集》,郭大力、王亚南译,商务印书馆,2009年。

6.[英]彼罗·斯拉法编:《政治经济学及赋税原理》,郭大力、王亚南译,商务印书馆,2009年。

7.[美]吉利斯、波金斯登:《发展经济学》,黄卫平译,中国人民大学出版社,1998年。

8.[美]克拉克:《财富的分配》,陈福生、陈振骅译,商务印书馆,2009年。

9.[美]库茨涅茨1971年12月11日演讲,《诺贝尔经济奖金获得者讲演集》,中国社会科学出版社,1986年。

10.[美]罗斯托:《经济成长的阶段:非共产党宣言》,国际关系研究所编辑室译,商务印书馆,1962年。

11.[美]马丁·布朗芬布伦纳:《收入分配理论》,方敏、李翱、刘振南等译,华夏出版社,2009年。

12.[美]诺斯:《制度、制度变迁与经济绩效》,杭行译,三联书店上海分店,1994年。

13.[日]青木昌彦等:《市场的作用,国家的作用》,林家彬等译,中国发展出版社,2002年。

14.[法]萨伊著:《政治经济学概论:财富的生产、分配和消费》,陈福生、陈振骅译,商务印书馆,1997年。

15.[英]亚当·斯密:《国民财富的性质和原因的研究》,郭大力、王亚南译,商务印书馆,2009年。

四、外文文献

1.Acemoglu,D.and Guerrier,i V.,Capital Deepening and Non-balanced Economic Growth,*NBER Working Paper*,2006.

2.Acemoglu,D.,Labor and Capital Augmenting Technical Change,*NBER Working Paper*,2000.

3.Acemoglu,D.,*Patterns of Skill Premia*,Review of Economic Studies,2003.

4.Alan B.Krueger,*Measuring Labor's Share*,American Economic Review,1999.

5.Ann E.Harrison,*Has Globalization Eroded Labor's Share*,Some Cross-Country Evidence,UC Berkeley,2002.

6.Arne L.Kalleberg,Michael Wallace,Lawrence E.Raffalovich.,Accounting for Labor's Share:Class and Income Distribution in The Printing Industry,*Industrial and Labor Relations Review*,Vol.37,No.3,1984.

7.Blanchard,O.,*The Medium Run*,Brooking Papers on Economic Activity,1997.

8.Brown,E.Phelps and P.E.Hart,The Share of Wages in National Income,

Economic Journal, Lxu 1952.

9.Bruno Decreuse, Paul Maarek, Foreign Direct Investment and the Labor Share in Developing Countries, *Working Paper, University of Aix –Marseilles*, 2008.

10.Clark, J.B., *The Distribution of Welfth*, Macmillan, 1899.

11.Cobb, Charles W., and Douglas, Paul H., A Theory of Production, *A.E.R. Papers and Proc.*, 1928.

12.Douglas Gollin., Getting Income Shares Right, *Journal of Political Economy*, 2002.

13.E·Johnson., *Economic Analysis of Trade Unionism*, American Economic Review, 1975.

14.Ekelund, Robert, *Economics：Private Markets and Public Choice*, Adison Wesley, 2000.

15.Francisco Rodriguez and Arjun Jayadev, *The Declining Labor Share of Income Human Development Research Paper*, 2010.

16.Havel, B.F., *Changes in the Distribution of Income in the United States*, In J.Marchal and B.Ducros(eds.), The Distruibution of National Income, Macmillan, 1968.

17.Heckman, J J., Li, X.S.*Selection Bias., Comparative Advantage and Heterogeneous Returns to Education：Evidence from China in 2000*, Pacific Economic Review, 2004.

18.Hicks, J.R., *Theory of Income Distribution*, Gray Mills.1932.

19.Irina Tytell and Florence Jaumotte, *How Has the Globalization of Labor Affected the Labor Income Share in Advanced Countries*, International Monetary Fund, Working Papers, 2007, Clark, J.B.The Distribution of Wealth, Macmillan.

20.Ishac Diwan., *Debt as Sweat:Labor,Financial Crises,and The Global-ization of Capital*,Mimeo,The World Bank,2001.

21.Johmsom,H., *The Theory of Income Distribution*,Gray Mills,1973.

22.Joseph E.Stiglitz, *The Economic Role of the State*,Basil Blackwell Ltd., 1989.

23.Kaidor,Nicholas., *Capital Accumulation and Economic Growth,in The Thcory of Capital*,edited by Fricdrich A.Lutz and Douglas C.Hague,St.Martin's Press,1961.

24.Keynes.J.M., *Relative Movements of Real Wages and Output*,Economic Journal,1939.

25.Kongsamut,S.,Reble,S.and Xie,D., *Beyond Balanced Growth*,Review of Economic Studies,2001.

26.Kravis,J.B.and S.Lebergott, *Income Distribution.International Encyclo-pedia of The Social Sciences*,Vol.7.Macmillan,1968.

27.Kravis., *Relative Income Shares in Fact and Theory*,American Econom-ic Review,1959.

28.Kuznets,S., *Economic Growth and Income Inequality*,American Eco-nomic Review,1955.

29.Kuznets,S., *Quantitative Aspects of The Economic Growth of Nations*, Ⅵ:Distribution of NationalIncome by Fator Shares.Economic Develepment and Cultural Change,1959.

30.Marshill, *A.:Principles of economics*,London Macmillan,1890.

31.Martin S.Feldstein., *Did Wages Reflect Growth in Productivity*,NBER Working Paper,2008.

32.Michael Wallace., *Unions,Strikes,and Labor's Share of Income*,A Quarterly Analysis of The United States, 1949–1992.

33.Nicola Giammarioli, Thomas Steinberger., *European Labor Share Dynamics: An Institutional Perspective*, EUI Woring Paper ECO, 2002.

34.Olivier Blanchard and Francesco Giavazzi., *Macroeconomic Effects of Regulation And Deregulation in Goods And Labor Market*, Quarterly Journal of Economics, 2003.

35.Paul A., Samuelson and William D., *Economics (fifteeth edition)Mc-Graw-Hill*, Inc., 1995.

36.Pigou, A.C, *Economics of welfare*, 4thedition, Macmillan, 1932.

37.Psacharopoulos, G., Pat rinos, H.A., *Returns to Investment in Educatioin: A Further Update*, World Bank Policy Research Working Paper, , 2002.

38.Ribinson, J., *Economics of Imperfect Competion*, London Macmillan, 1933.

39.Richard T.Gill, *Economics and The Public Pnterest Pacific Palisades Calif*, Goodyear Pub.Co., 1972.

40.Robert M.Solow., *A Skeptical Note on The Constancy of Relative Shares*, American Economic Review, 1958.

41.Samuel Bentolila and Gilles Saint–Paul, *Explaining Movements in the Labor Share Contributions to Macroeconomics*, Berkeley Electronic Press, 2003.

42.Subramanian, Arvind., *What is China Doing to Its Workers? Business Standard*, New Delhi, 2008.

43.W.Arthur Lewis., *Economic Development with Unlimited Supplies of Labour*, The Manchester School, Wiley Online Library, 1954.

44.William A.Niskanen, Jr: *Bureaucracy and Public economics*, Glos, UK, Brookfield, Vt., E.Elgar, 1994.

45.Zuleta,H.and Young,A.T,*Labor's Shares－Aggregate and Industry：Accounting for both in a Model of Unbalanced Growth with Induced Innovation*, Working Paper,2007,Universidad Rosariodel and University of Mississippi.

致　谢

　　《改革开放以来中国劳动份额发展趋势研究》一书是在我博士论文的基础上历时 1 个多月修改而成的。该书能够顺利出版,特别感谢天津人民出版社,感谢总编王康老师,感谢编辑郑玥老师耐心细致的工作。

　　我的博士论文能够顺利完成,是与老师、同学、朋友及家人的无私帮助分不开的。这里我尤其要感谢的是:我的导师费利群教授。这篇博士论文从选题立意到整个写作过程,到论文的反复修改,都是在她的悉心指导下完成的;书中许多方面思想的形成,都得益于她平日对我的谆谆教诲。我的老师周向军教授、徐艳玲教授、何中华教授等为我们开设了不少理论专题,这些专题对于开拓知识视野、训练理论思维非常有益。还有我的博士同学孙建昌、王光秀、梁飞、杨燕、张晶、冯胜花、杨勇民、赵敏、刘西华、刘华及师姐孟宪霞、魏连、尹海燕,我们之间建立了深厚的友谊。我还要特别感谢主持和参加我博士论文开题的周向军教授、傅文忠教授、朱贵昌教授、徐国亮教授、马佰莲教授等,他们针对我的论文所提出的种种意见,令我获益匪浅。

　　最后感谢我的家人。我的父母为我分担了大部分的家务,给予了我很大的支持;我的先生给予了我最大的支持,论文数理模型的设置和原始数据的处理得益于他的帮助,他还几乎独立承担了教育孩子的全部责任;我的儿子也很理解我的学习,他是我生命的源动力。

博士毕业之后,我继续在此领域进行相关研究。劳动报酬的增长是人民获得满足感、幸福感的重要基础。中国特色社会主义进入了新时代,我国经济发展进入到高质量发展阶段,在这样的一个时期,还有很多有意义的、有趣的研究课题,我将继续在此探讨。

由于本人才疏学浅,该论文中一定存有很多不足和缺点。恳请读者的批评指正,更欢迎相关领域的专家能给予教导。

范 慧

2020 年 9 月 30 日于济南